注釈現行法 2

監　修
衆議院法制局　建設省住宅局監修

実務注釈

定期借家法

編　集
福井秀夫　久米良昭　阿部泰隆

信山社

推　薦

　本書は，1999年12月9日（12月15日公布）に成立した良質な賃貸住宅等の供給の促進に関する特別措置法（平成11年法律153号）に関して，長年に亘り借家制度に関する実証分析や立法政策に係る研究活動を継続し，本法律の立法を学術研究の蓄積によってサポートしてきた研究者グループが執筆・編集し，本法律の立法実務にも携わった衆議院法制局，そして住宅政策を所管する建設省住宅局が監修した，最も信頼のおける解説書である。

　もちろん，建物賃貸事業に携わる民間の実務家，住宅政策を担う行政担当者，民事法に関する研究者など，いわば専門家と呼ばれる方々に真っ先に推薦したいのは言うまでもない。しかしながら，本法律の筆頭提案者としては，単にこれから建物を貸したい，借りたいという方のみならず，一般市民にもご一読をお勧めしたい。

　本法律の成立によって，良質な賃貸住宅等の供給を促進するための措置が講じられるとともに，借地借家法が改正されて定期借家制度が導入されることとなった。このことは，不動産取引や都市開発を活性化させ，住宅困窮者に対するセーフティネット構築も容易なものとすることによって，国民の豊かな住生活を実現するため大きく寄与すると確信する。しかしながら，定期借家法成立の意義は，それのみにとどまらない。いわば日本の政治・経済・社会構造に関して，明治開国以来の大転換を促す契機ともなりうるという歴史的意義を有するものだからである。

　明治開国以来の日本は，「豊かになりたい」という単純でわかりやすい目標を持ち，その明確な目的のもとに国家システムをつくりあげ，官僚主導型の政治を推進してきた。縦割り行政の下で高い専門性を有する官僚が主導する政策立案・意思決定システムは，欧米をモデルとした「追いつき，追い越せ」という明確な国家目標があった時には，有効に機能してきた。

推薦

ところが現在，世界は情報化とグローバル化による大競争社会への突入という一大変革の時期を迎えた。地球が，自由と民主主義と市場原理というひとつの理念で包まれる歴史の幕がこれから開かれる。バブル経済崩壊以降の後遺症に苦しむ日本の経済・社会は，戦後最大の苦境に立たされる中で，国家的な危機管理意識に基づいて対処していかなければならない多分野の改革が強く求められている。これまで日本の成長を支えてきた固定した枠組みが制度疲労を生じ，機能不全を起こしているからである。今こそ全国民による明日の日本を創る知恵を体系化し，戦略化し，総合的に政策体系を構築しなければならない。政治主導の迅速かつ果敢な政策決定と実行が今こそ不可欠なのである。

政治主導の議員立法によって実現された1996年の民事執行法の改正や，1998年のストックオプションの一般化と自社株消却の緩和に関する商法の改正作業は，その先駆である。従来であれば法制審議会で十分な議論を尽くすという手続で良かったかも知れない。しかし社会が激動している今日，状況は大きく変化した。政治がリーダーシップを取り，必要な立法は迅速に進めないと，時代の変革の波に対応していくことはできない。今回改正された借地借家法は，一般市民の生活を直接に規定するものであり，民事法制の中でも，基本法中の基本法である。定期借家立法は，薄く広がった市民のニーズがくみ取られ，民事の基本法に関して超党派で政策論が交わされて，議員立法で法案に結実したという意味で格別の意義を有するものであると考えられる。

借地借家法の正当事由制度が良質な民間賃貸住宅が供給されるうえでの制約条件になっているため法改正が必要であるという議論が，学界では四半世紀にわたって論じられてきたと承知している。ところが，1991年の借地借家法改正作業では，正当事由制度の問題は論点として取り上げられたものの，期限付借家制度が立法化された程度の改正作業で終わった。1995年に閣議決定された規制緩和推進計画において「定期借家権とでもいうべきものを含め検討する」とされたときも，法務省による2年間余りの検討期間を経た

推　薦

うえでの到達点は，私的研究会による論点整理に留まっていた。これではとても時代の変化に対応していくことはできない。

　借家人の居住の安定を図ることそれ自体は重要な政策課題である。しかしながらそれは，単なる家主と借家人の利害調整の問題であって，法律関係者が法技術的な検討を行えばそれでこと足れりということでは断じてない。一方で公正で透明なルールを確立し，民間市場での取引を活性化させつつ，一方では，住宅困窮者にとってのセーフティネットを住宅・福祉政策で準備するという公共政策の問題として検討しなければならない。

　競争社会を成立させるうえでの不可欠な要素のひとつが，透明，公正かつ実効性あるルールの確立である。ところがこれまでの借家制度は，①家主と借家人の利害調整に客観的基準が存在せず，個別事件毎に裁判官の心証と世界観によって左右されるという意味で不透明であり，②すでに入居している借家人はそれがどんなに強者であっても永久に保護されるのに対して，ウェイティングリストに名を連ねたまま入居できないでいる潜在的借家人はどんなに弱者であっても保護されないという意味で不公正であり，③とにかく「借りたものはかえす」という当たり前の約束を守らない者にこれを守らせることができないという意味で実効性にも乏しい制度であった。私は，直ちに新しい制度を構築していかなくてはいけないと考えて，政治主導による立法化を決断した。

　1997年9月，自民党に定期借家権等に関する特別調査会を設置し，同年12月には中間取りまとめを公表した。一方では社民党及び新党さきがけとの協議を開始し，いわば超党派の議員による精力的な検討作業の成果として，「与党定期借家権に関する最終合意メモ」を取りまとめた。こうして，1998年6月，自民，社民，さきがけ及び自由の4党の議員提案によって「借地借家法の一部を改正する法律案」を国会に提出した。

　しかしながら，超党派による議員の検討作業が進む中で，連立与党の枠組みは自民，公明，自由の三党与党体制に改編された。この中で，国民のニーズに応じた良質な賃貸住宅等の供給を促進して賃貸住宅市場を活性化させる

推　薦

　ためには，定期借家制度を導入する一方で，競争社会を成立させるうえでのもうひとつの不可欠な要素，市場において自力で必要なサービスを確保できないものに対するセーフティネットの構築に関しても，さらに充実させていくことが必要という基本的方向性が確立された。こうして1999年7月，公共賃貸住宅の供給の促進等の規定を併せて盛り込んだ「良質な賃貸住宅等の供給の促進に関する特別措置法案」を国会に提出し，民主党の提案による消費者保護のための措置の充実等の修正を経て，成立させたものである。

　立法化に際しては，既存借家への遡及適用を除外し，解約制限のない定期借家権を新規契約に対してのみ導入するという基本スキーム構築や，借家制度が市場に与える影響の実証的解明など，定期借家研究会（会長：田中啓一日本大学教授）のメンバーを初めとする学術研究者の学際的研究成果から得られた知見は，極めて有益であった。また定期借家推進協議会（代表世話人：藤田和夫氏）からは実務的運用課題に係る貴重なご教示をいただいた。建設省からは賃貸住宅市場や住宅政策の実態に関する適切な情報提供をいただいた。さらに迅速かつ適切な法文化作業を担われた衆議院法制局を含め，ご尽力，ご協力を賜った関係各位に対しては，あらためてここで深い感謝の意を表したい。

　市民生活に直結した民事基本法が，政治のリーダーシップとこれを支持した市民による広範な論議によって改正されたことこそ，様々な制度改革の危機に直面した日本が，光り輝ける国として再生するための転換点であったことは，法の運用が証明することとなるだろう。

　このことをご理解いただき，その中から明日の日本を創るうえでの知恵を吸い上げ，新しい日本の総合的政策体系を再構築していくためにも，より多くの市民の方々に本書をご一読いただきたいと考える次第である。

平成12年1月

保　岡　興　治

［良質な賃貸住宅等の供給の促進に関する特別措置法筆頭提案者
自由民主党定期借家権等に関する特別調査会会長
衆議院議員］

監修の辞

　第146回国会で成立した「良質な賃貸住宅等の供給の促進に関する特別措置法」（平成11年12月15日公布）は，本則5か条の短い法律であり，本法律による借地借家法の改正部分も3か条にとどまる。しかしながら，これによって導入される定期借家制度は，従来の借家法制の方向性を大きく転換させるものであって，国民生活に与える影響も極めて大きいと思われる。特に，この制度は対等な当事者間における自由な契約を前提とするものであり，賃貸借契約の当事者は，制度の趣旨を十分に理解した上で契約に臨むことが必要となろう。

　この度，長年にわたり定期借家制度の導入に尽力されてきた福井秀之教授をはじめとする研究者グループが本法の総合的な解説書として本書を刊行されるに当たり，私どもも，条文の作成作業にたずさわった立場から条文の解釈に関する部分である第2章につき監修をさせていただくこととなった。
　本書が定期借家制度の理解と適切な利用の一助となることを願ってやまない。

平成12年1月

　　　　　　　　　　　　　　　　　　衆議院法制局第二部第一課長
　　　　　　　　　　　　　　　　　　　　加　藤　朋　寛

監修の辞

　平成11年12月15日に公布されました「良質な賃貸住宅等の供給の促進に関する特別措置法」によって、借地借家法が改正され、平成12年3月1日から定期借家制度が導入されることとなりました。

　我が国の社会経済が従来の右肩上がりの成長社会から成熟社会へという大きな構造変化に直面している中、住宅政策におきましても、既存ストックの有効活用及び市場機能の活用という観点から、特に賃貸住宅市場及び中古住宅市場を活性化し、良質かつ多様な住宅の選択肢を提供することが求められております。

　とりわけ、最近は、価値観の変化に伴い、ライフステージ、ライフサイクルなどその時々の状況に応じて住替えができる本格的な居住の場としての賃貸住宅へのニーズが高まってきております。

　借家は全住宅の約4割を占め、特に都市部においてその割合が高くなっておりますが、借家の約半分は40㎡未満と狭小で、ファミリー向けなどが極端に少ない現状にあります。その原因のひとつとして、一旦家を貸すと正当な事由がない限り解約できず更新されるという正当事由制度による解約制限の存在が指摘されていました。

　そこで、借家契約が期間の満了により更新なく終了する定期借家制度が創設されたところであります。定期借家制度により、契約期間や収益見通しが明確になり、家主の方が安心して借家を貸すことができるようになりますので、市場の競争を通じて、ファミリー向けを含めた多様な借家の供給が期待されているところであります。

　住宅政策を所管する建設省住宅局といたしましては、このような意義を持ちその効果が期待される定期借家制度を正しく御理解いただき、有効に御活用いただくため、本書の第1章から第4章までを監修させていただいたと

監修の辞

ろであります。本書によって，定期借家制度をより多くの方々に御理解いただき，健全な賃貸住宅市場の構築に役立てていただけることを念願する次第であります。

平成12年1月

建設省住宅局長

那　珂　正

はしがき

　日本でも，明治―大正期には広い借家が豊富に存在した。夏目漱石も森鷗外も生涯を借家で過ごした。すべてが定期借家だったためである。しかしながら今日，日本の住宅市場では広い借家が絶対的に不足している。これは他の先進国では決して見られない特異現象である。1941年の戦時体制下に，緊急避難的立法として，家主による解約を著しく制限する正当事由制度が全面的に導入されたためである。

　しかしながら，1999年12月9日，良質な賃貸住宅等の供給の促進等に関する特別措置法（1999年法律第153号。以下「本法律」という。）が成立したため，このたび約60年ぶりに定期借家が復活することとなった。定期借家とは，家主が望む限り期間満了により契約を終了させうる建物賃貸借で，新規契約に限りオプションとして導入されたものである。借地借家法は，2000年3月1日から施行されるため，今後，規模の大きな借家を希望するファミリー層や，入居者差別で苦労していた母子家庭，高齢世帯等社会的弱者にとって，多大な恩恵がもたらされることとなろう。

　定期借家制度導入の背景には，2年以上に及ぶ超党派の国会議員による精力的な検討作業があった。研究者もこれをサポートし，現行制度の弊害に関する多くの実証分析や，vacancy decontrol（第二次世界大戦中及び戦後を通じて借家人保護制度が導入された米国都市や英国で，既得権を保護しつつ，民間賃貸住宅市場を活性化するため一般的に採用された政策だが，何故かそれまで法律研究者によって日本に紹介されたことがなかった。）による立法提案などが蓄積されていった。その成果は逐次公開され，学術誌，一般誌紙上で，一般市民も含めて賛否両論を含む活発な議論が展開された。

　当初導入に消極的であったり，反対する立場にあった議員や研究者もあったが，建設的な提案は着実に法案に反映されていった。例えば，国や地方自

はしがき

治体には公共賃貸住宅の供給の促進のために必要な措置を講じるよう努める旨が規定された。このため，既存借家人は全面的保護され，万が一にも不測の不利益を被ることがない制度となっている。

定期借家立法は，日本の憲政史上の金字塔でもある。現在，日本の経済社会は様々な構造変革課題に直面しており，多くの分野で立法の再構築が必要となっている。このような変革の時代に，従来型の立法体制は通用しない。定期借家権の導入は，立法府本来の役割を担う議会が主導し，市民が参加するという新しい立法プロセスを確立した。

たまたまひとたび借家に入れた人はどんな強者でも保護し，借家に入れなかった人はどんな弱者でも保護しないという正当事由制度は，まさしく「不正当」である。定期借家は，既得権を損なうことなく，借家に入れなかった者を救済する。中堅勤労者向け住宅予算に多くが割かれている公共財源を，困窮度に応じて弱者に手厚く分配することも可能となる。定期借家はむしろ福祉充実の前提条件だったのである。

本書は，日本で最初の定期借家法に関する解説書である。その特徴を以下に述べる。

第1に，最も標準的な定期借家法の注釈書である。国会主導による立法化のプロセスを通じて，学術研究及び法制化実務においてサポートしてきたメンバー自らが執筆・編集し，第2章について衆議院法制局，第1章から第4章までについて建設省住宅局の監修を得た。

なお，あえて付言すれば，定期借家法の基本理念は，当事者が合意する限り，基本的に自由な契約を有効とする透明，公正なルールの確立を意図したものであるため，本法律自体，本則計5か条，附則計4か条から成る短い法律である。条文規定自体が明確であって，いわゆる「弾力的な解釈の余地」は小さい。このため第2章逐条解説及び第3章Q＆Aを加えた計約50頁の解説によって，条文の意味の解明はほぼつきていると思われる。

第2は，体系的，総合的な実務書となっている点である。第1章には，定

はしがき

期借家法制定に至る経緯と意義が，日本の賃貸住宅市場の実態とともにまとめられている。第4章では，これから定期借家契約により家を貸したい，借りたい，仲介業務を行いたいと考えるすべての方のために建設省作成の標準契約書を提示している。第5章では，定期借家に係る不動産鑑定と税務に係るすべてのポイントを解説した。第6章では，高齢者住宅を含む賃貸マンション建設，不動産証券化手法による都市開発，中心市街地の閉鎖店舗活用など，不動産マーケット拡大の方向性と都市や住宅の将来像について素描した。いわば，定期借家の実務に係る必要な知識・ノウハウのすべてが，本書には包含されている。

　1998年2月，我々は定期借家に係る立法論研究の成果を集大成させた『定期借家権』（信山社）を上梓した。今回の定期借家法は，『定期借家権』で詳細に提示した立法理念がほぼそのまま実現されたものである。それから2年を経ない時期に，前書の姉妹編として，成立した法律の解説書を出版できることは，編者らにとっても望外の慶びである。読者の理解を一層深めていただくためにも，前書を併せてご一読されることを期待したい。

　本書の取りまとめに際しては，衆議院法制局及び建設省住宅局による監修をいただいた。この場を借りて，厚く御礼を申し上げたい。また法律提案者を初めとする多くの政党の国会議員の熱心な立案及び法案審議に敬意を表したい。さらに，定期借家の立法論や経済効果などについて多大なご教示をいただいた日本大学教授田中啓一会長をはじめとする定期借家研究会（177頁参照）の構成員各位，実務上の課題について適切なご教示をいただいた藤田和夫代表世話人をはじめとする定期借家推進協議会の関係各位に対しても，深く感謝の意を表する次第である。

　本法律の成立は，筆頭提案者である保岡興治氏の精力的な立法作業なくしては，あり得なかった。単に国民の豊かな住生活の実現のためのみならず，新しい日本の市民社会構築の契機となるであろう本法律を，立法提案者氏名

xiii

はしがき

を法律名に冠する米国議会の伝統に倣い，編者は「保岡法」と命名したいと思う。

平成12年1月

福井 秀夫・久米 良昭・阿部 泰隆

〈執筆者紹介〉

(氏名50音順)

阿部　泰隆	神戸大学法学部教授	(第2章・第3章)
上原由起夫	国士舘大学法学部教授	(第2章・第3章)
鵜野　和夫	不動産鑑定士・税理士	(第5章)
久米　良昭	那須大学都市経済学部教授	(第2章・第3章・第6章)
島田　明夫	前建設省住宅局住宅経済対策官 国土庁防災局防災企画官	(第1章・第2章・第3章)
野中　　章	建設省住宅局住宅政策課課長補佐	(第2章)
福井　秀夫	法政大学社会学部教授	(第2章・第3章・第7章)
吉田　修平	弁護士	(第2章・第3章)

凡　例

　本書で用いた略語は，一般の例によるほか，原則として，次のとおり使用している。

本　法　律……「良質な賃貸住宅等の供給の促進に関する特別措置法」（平成11年法律第153号）のこと

旧　　　法……本法律により改正された「借地借家法」（平成3年法律第90号）の条文について，改正前の内容を引用する場合

改　正　法……本法律により改正された「借地借家法」の条文について，改正後の内容を引用する場合

現　行　法……本法律により改正されなかった「借地借家法」の条文を引用する場合

定期借家……改正法第38条による**定期建物賃貸借**のこと

普通借家……現行法第28条のいわゆる正当事由条項による保護を受ける建物賃借のこと

目　次

推　薦 ……………………………………… 保岡興治 … iii
監修の辞 ……………………………………… 衆議院法制局 … vii
監修の辞 ……………………………………… 建設省住宅局 … ix
はしがき ………………………………………………………… xi

第1章　定期借家権の必要性と概要 ……………………………… 1

第2章　良質な賃貸住宅等の供給の促進に関する
　　　　特別措置法・逐条解説 ………………………………… 25

第3章　定期借家権に関するＱ＆Ａ ……………………………… 55

第4章　定期賃貸住宅標準契約書（建設省作成） ……………… 89

第5章　定期借家権に係る不動産鑑定評価および税制 ……… 119

第6章　民間事業・行政実務における活用方策 ……………… 145

第7章　定期借家法の立法論的検討課題 ……………………… 157

［資料集］ ……………………………………………………… 169
［資料1］　良質な賃貸住宅等の供給の促進に関する特別措置法 ……… (1)
［資料2］　良質な賃貸住宅等の供給の促進に関する特別措置法に対

目　次

　　　　　　　する附帯決議（衆議院）…………………………………(5)
［資料３］　良質な賃貸住宅等の供給の促進に関する特別措置法に対
　　　　　　　する附帯決議（参議院）…………………………………(7)
［資料４］　借地借家法新旧対照条文 …………………………………(10)
［資料５］　借地借家法 …………………………………………………(14)
［資料６］　民　　法（抄）……………………………………………(30)
［資料７］　良質な賃貸住宅等の供給の促進に関する特別措置法
　　　　　　　（概要）……………………………………………………*171*
［資料８］　定期借家制度創設の経緯 …………………………………*174*
［資料９］　定期借家研究会 ……………………………………………*176*

　※　衆議院法制局は，第２章を監修
　　　建設省住宅局は，第１章から第４章までを監修

細目次

推薦 …………………………………………… 保岡興治 …iii
監修の辞 ……………………………………… 衆議院法制局 …viii
監修の辞 ……………………………………… 建設省住宅局 …ix

はしがき ……………………………………………………………… xi

第1章 定期借家権の必要性と概要 …………………………… 1

1 定期借家権の意義と効果 ………………………………… 1
(1) 社会・経済的背景 ……………………………………… 1
(2) 21世紀にふさわしい豊かなストックの形成 ………… 2
(3) 「定期借家権」創設の必要性 ………………………… 3
(4) 「定期借家権」創設の効果 …………………………… 3

2 定期借家権の基本的枠組み ……………………………… 6
(1) 契約自由が基本 ………………………………………… 6
(2) 新規契約に限った導入 ………………………………… 6
(3) 新規契約についての従来型契約の適用 ……………… 6

3 制度上盛り込むこととされた事項 ……………………… 7
(1) 合意による自由な契約 ………………………………… 7
(2) 「定期借家」である旨の明示 ………………………… 7
(3) 居住・営業の安定への配慮 …………………………… 7
(4) 定期借家契約の中途解約 ……………………………… 8

4 定期借家制度の導入とあわせて講じるべき賃貸住宅政策 …………………………………………………… 8
(1) 住宅対策の新たな展開 ………………………………… 8
(2) 住宅困窮者のための良質な公共賃貸住宅の供給の促進 …………………………………………………… 9

細目次

  (3) 賃貸住宅等に関する情報の提供，相談等の体制の整備 …………………………………………………………………… 10
 5 定期借家制度創設に関連して対応する立法上の措置等 ………………………………………………………………… 10
  (1) 期限付借家の取扱い ……………………………………… 11
  (2) その他の措置 ……………………………………………… 11
  (3) 施行期日 …………………………………………………… 11
  (参考1) 我が国の賃貸住宅の特徴 ……………………… 12
  (参考2) 定期借家権に対する主な反対・慎重論とそれに対する解決策 ……………………………… 18

第2章　良質な賃貸住宅等の供給の促進に関する特別措置法・逐条解説 ……………………………………… 25

 1 良質な賃貸住宅等の供給促進措置（本法律第1条〜第4条）……………………………………………………………… 25
  (1) 目　的（本法律第1条）…………………………………… 25
  (2) 良質な賃貸住宅等の供給の促進のための措置（本法律第2条第1項）…………………………………………… 25
  (3) 住宅性能表示制度の普及（本法律第2条第2項）……… 26
  (4) 住宅困窮者のための良質な公共賃貸住宅の供給の促進（本法律第3条）…………………………………………… 27
  (5) 賃貸住宅等に関する情報の提供，相談等の体制の整備（本法律第4条）…………………………………………… 29
 2 定期建物賃貸借制度の創設（本法律第5条）………………… 30
 3 建物譲渡特約付借地権に係る建物への適用（本法律第5条）〔改正法第23条第3項〕…………………………………… 32
 4 借家契約の期間（本法律第5条）〔改正法第29条第2項〕… 34
 5 定期建物賃貸借契約（本法律第5条）〔改正法第38条

第1項〕 ··· 34
  6 書面を交付したうえでの事前説明義務（本法律第5条）〔改正法第38条第2項〕 ············ 38
  7 賃貸借契約終了の通知（本法律第5条）〔改正法第38条第4項〕 ················ 40
  8 賃借人による中途解約権（本法律第5条）〔改正法第38条第5項〕 ················ 44
  9 片面的強行規定（本法律第5条）〔改正法第38条第6項〕 ··· 46
  10 借賃改定特約（本法律第5条）〔改正法第38条第7項〕 ······ 47
  11 施行期日（本法律附則第1条） ································· 49
  12 経過措置（本法律附則第2条第1項） ························ 50
  13 期限付建物賃貸借についての登記（本法律附則第2条第2項） ··· 51
  14 切替え禁止措置（本法律附則第3条） ························ 52
  15 検　討（本法律附則第4条） ···································· 54

第3章　定期借家権に関するＱ＆Ａ ························· 55
  1 普通借家の問題点 ··· 55
  2 定期借家制度創設の意義と効果 ································ 58
  3 定期借家権と住宅市場 ··· 62
  4 定期借家権と契約慣行 ··· 68
    (1) 入退去・再契約 ··· 68
    (2) 定期借地権との関係 ··· 76
    (3) その他 ··· 77
  5 定期借家制度導入の経緯と論議 ································ 78
  6 定期借家権と住宅政策 ··· 82
  （参考1）正当事由制度について ···································· 85
  （参考2）欧米の借家制度 ··· 87

細目次

　　　（参考3）敷金，権利金，礼金など一時金の実態 ……………87

第4章　定期賃貸住宅標準契約書（建設省作成）……89

　定期賃貸住宅標準契約書について ……………………………89
　第1．定期賃貸住宅標準契約書 ……………………………………91
　第2．記載要領 ……………………………………………………101

　　Ⅰ　契　約　書 …………………………………………………91

　　　〔頭書関係〕………………………………………………………101
　　　〔第2条（契約期間）関係〕……………………………………104
　　　〔第4条（賃料）関係〕…………………………………………104
　　　〔第7条（禁止又は制限される行為）関係〕…………………105
　　　〔第10条（乙からの解約）関係〕………………………………105
　　　〔第16条（特約条項）関係〕……………………………………106
　第3．定期賃貸住宅契約終了についての通知 …………………108
　第4．承諾書等（例）………………………………………………109
　第5．定期賃貸住宅標準契約書コメント ………………………113
　第6．定期賃貸住宅契約についての説明 ………………………118

　　Ⅱ　説　明　書 …………………………………………………118

第5章　定期借家権に係る不動産鑑定評価および税制 …119

　　Ⅰ　定期借家権に係る不動産鑑定評価 …………………………119

　　1　借家権価格の成り立ち ………………………………………120
　　　(1)　譲渡性のある借家権 ………………………………………120
　　　(2)　譲渡性のない借家権 ………………………………………121
　　2　貸家及びその敷地の鑑定評価 ………………………………121

xxii

(1)　その鑑定評価の方式と性格 ……………………………… *121*
　　(2)　収益価格算出にあたっての普通借家と定期借家と
　　　　の差 ……………………………………………………………… *123*
　3　借家権の鑑定評価 ……………………………………………… *134*
　　(1)　鑑定評価基準での規定 ………………………………………… *134*
　　(2)　取引慣行のある場合の借家権の鑑定評価の手法 ……… *135*
　　(3)　取引慣行のない場合の立退料の鑑定評価の手法 ……… *136*

Ⅱ　定期借家権に係る税務 ………………………………………… *138*

　1　相続税等の評価に関して ……………………………………… *138*
　　(1)　借家権の評価 …………………………………………………… *139*
　　(2)　貸家の評価 ……………………………………………………… *139*
　　(3)　貸家建付地の評価 ……………………………………………… *139*
　2　法人税・所得税に関して ……………………………………… *140*

第6章　民間事業・行政実務における活用方策 …………… *145*

　1　定期借家制度導入による住宅の将来像
　　　　―良質・多様な賃貸住宅が低価格で供給― …………… *145*
　　(1)　良質な賃貸住宅が低価格で供給 …………………………… *145*
　　(2)　賃貸住宅による供給が合理的な住宅の類型 …………… *146*
　2　定期借家制度導入による都市の将来像
　　　　―職住近接型のコンパクトな都市実現― ……………… *149*
　　(1)　定期借家制度導入による都市中心部の再生 …………… *149*
　　(2)　都市中心部再生の効果 ………………………………………… *151*
　3　定期借家制度導入による軽やかな居住の実現 ………… *153*
　　(1)　「居住継続希望」ニーズは本当か？ ……………………… *153*
　　(2)　居住継続を有利とする制度の歪み ………………………… *153*
　　(3)　定期借家制度導入により実現される居住スタイル …… *154*

細目次

第7章 定期借家法の立法論的検討課題 …………………157

1 借家人による中途解約権（改正法第38条第5項）について …………………158
　(1) 普通借家における家賃改定特約の問題点 …………158
　(2) 借家人による中途解約権の問題点 …………158
　(3) 借家人による中途解約権に係る立法論 …………164

2 普通借家から定期借家への切替え禁止措置（本法律附則第3条）について …………………166
　(1) 改正法施行日と経過措置について …………166
　(2) 切替え禁止措置に係る立法論 …………167

［資 料 集］ …………………171

［資料1］ 良質な賃貸住宅等の供給の促進に関する特別措置法 …(1)
［資料2］ 良質な賃貸住宅等の供給の促進に関する特別措置法に対する附帯決議（衆議院） …(5)
［資料3］ 良質な賃貸住宅等の供給の促進に関する特別措置法に対する附帯決議（参議院） …(7)
［資料4］ 借地借家法新旧対照条文 …(10)
［資料5］ 借地借家法 …(14)
［資料6］ 民　法（抄） …(30)
［資料7］ 良質な賃貸住宅等の供給の促進に関する特別措置法（概要） …173
［資料8］ 定期借家制度創設の経緯 …176
［資料9］ 定期借家研究会 …178

第1章　定期借家権の必要性と概要

1　定期借家権の意義と効果

(1) 社会・経済的背景

① 借地借家法の経緯

　借地法及び借家法は，住宅が絶対的に不足していた第二次世界大戦中における国家総動員体制の下で，物価統制の一環として導入された地代家賃統制令の実効性を担保する観点から，1941年に正当事由制度による強力な解約制限を導入して以来，戦中・戦後の住宅困窮期を通じて国民の居住の安定に一定の役割を果たしてきた。

② 住宅事情の変遷

　しかしながら，今日において，国民生活は格段に豊かになっており，住宅事情も量的には一応の充足をするなど全般的には大きく改善している。
　一方，質においては，持家が欧米先進諸国と同水準となっているのに対して，借家の戸当たり床面積が欧米先進諸国と比べて際立って小さく，特にファミリー向けの良質な借家が絶対的に不足している。加えて，狭小な借家にファミリー世帯が住んでいる一方で一人暮らしや夫婦だけの高齢者世帯が広い持家に住んでいるといった住宅のミス・マッチが多数存在しているなど様々な問題があり，今後とも良質な住宅ストックの充実及び活用が求められている。

③ 経済構造の変化

　我が国経済は，少子・高齢化社会への移行の中で，右肩上がりの経済構造

第1章 定期借家権の必要性と概要

から成熟した安定成長の経済構造への転換に直面している。バブル経済の終焉で，土地本位制に基づく間接金融システムが，いわゆる土地神話の崩壊によりその前提条件が崩れ，制度疲労をきたしてきており，収益性と流動性を重視した直接金融システムへの移行をせまられている。

このような中で，今後はリスクとリターンを意識した投資行動が経済活動の主流となることが予測されており，21世紀の経済社会を支える良質なストックの形成を図るためには，不動産市場の透明化を進める必要がある。

そのため，金融・証券市場の国際化にあわせて，我が国において国際的な不動産市場の育成を図ることが求められている。

(2) 21世紀にふさわしい豊かなストックの形成

① 自由な市場機能の活用

このような中で，21世紀にふさわしい国民生活の質の向上を図る観点から，国民の多様なニーズに対応して住宅サービス等を効率的に提供していくためには，自由な市場の機能を活用していくことが必要となっており，わが国の借家制度についても，21世紀の国民生活にふさわしい制度に改め，もって契約自由の原則に基づく適正な賃貸不動産市場の育成を図ることが適当であると考える。

② 従来型借家制度の問題点

従来の借家制度においては，規制緩和の流れの中で，1986年に地代家賃統制令が廃止された後も，引き続き，家主と借家人との間に一旦締結された借家契約について，家主が正当事由なくして借家契約の更新拒絶ができないなど，借家人の権利が厳重に保護されてきている。このため，

a) 空き家になっていたりミス・マッチの生じている広い持家を貸したくても，一度貸したら返してもらえないという不安があるため，法人限定にして実質的に正当事由を回避できる場合以外は，貸そうに貸せないな

ど，ライフ・ステージに応じた円滑な住み替えが阻害されている。
b) また，自己使用や建替えなどの必要が生じた場合において，多額の立退き料を要求されるなど，収益，担保価値等の経済的予測がつかないことが，良質なファミリー向けの借家供給のインセンティブを妨げており，回転率の良いワンルーム・マンション等正当事由制度の影響が少ない狭小な借家しか供給されなくなっている。
c) さらに，家賃更新が市場で決定される水準で行われるとは限らず，継続家賃と新規家賃に格差が生じ，家主が経済的な不利益を被るのみならず，これに伴う借家供給の抑制のために，新規借家人も不利益を被る危険性が存在している。
d) 賃貸住宅のみならず，商業用賃貸ビルについても借地借家法の適用があるため，長期的な収益の見通しが立ちづらく，このことが，我が国において幅広い投資家から資金を調達する不動産市場の育成を阻んでいる大きな要因となっている。

など，従来の借地借家法は，良質な持家ストックの円滑な流動化や良質な賃貸不動産への投資意欲を阻害しており，不動産市場を歪める最大の要因となってきた。

(3) 「定期借家権」創設の必要性

このような観点から，正当事由の規制による弊害を解消し，低廉で良質かつ多様な住宅サービスの提供の促進等，良質な賃貸不動産市場の育成へのインセンティブとして，期間の満了により，契約が更新されることなく終了する（ただし，再契約は可能な）「定期借家権」の創設が必要であった。

(4) 「定期借家権」創設の効果

「定期借家権」の創設によって，以下のような効果が期待される。

第1章　定期借家権の必要性と概要

① 良質な借家の供給促進

　a）　定期借家制度の導入によって，空き家又はミス・マッチとなっている良質な持家ストックの借家としての流動化が進むものと期待される。

　b）　良質な新築借家の供給については，市場によって決まるものであるが，収益の見通しがつくことによって，供給促進のインセンティブになるものと考える。

　c）　このように，定期借家権の創設は，ファミリー向けの借家市場の成熟化をもたらし，ライフ・スタイルに応じた多様な住宅の選択を可能にすることによって，居住の豊かさの増大に寄与するものである。

② 家賃水準の低下

　a）　定期借家権の創設は，借家供給の増大を通じて，市場家賃の引き下げをもたらすものと期待される。

　b）　従来型の借家契約においては，継続家賃が抑制されたり退去時に多額の立退き料を請求されるおそれがあるため，予め，権利金や礼金といった形で一時金の支払いを求めたり，高めの家賃を設定するケースが多いが，定期借家契約においては，このような権利金，礼金等の一時金は不要となり，また，家賃水準も市場家賃になるものと想定される。

③ 高齢者世帯の円滑な資産運用

　a）　定期借家権の創設によって，高齢者の豊かな住宅資産を売却しないで賃貸し，その家賃収入で，都心の便利な適正規模のマンションやケア付き高齢者住宅に入居することが可能になる。

　b）　また，相続人にとっても，将来の相続物件が，一定期間経過後確実に戻ってくるため，入居可能性が奪われるおそれが生じない。

　c）　このように，定期借家権は，高齢化の進展に対応して，社会的弱者である高齢者の豊かな老後の生活を保証するものである。

④ 国際的な不動産市場の育成と良質なストックの形成
  a) 定期借家権の創設は、事前予測が極めて困難である正当事由制度の弊害を解消し、透明で公正なルールの確立に寄与する。
  b) 高額の立退き料等の心配がなくなり、長期にわたる収益性の見通しが確立するため、オフィス等の商業ビルについても、投資環境の改善が図られる。
  c) 定期借家制度の導入によって、紛争の発生や訴訟案件が減少し、社会的なコストが減少することが期待される。
  d) 以上により、不動産市場に係る制度インフラの整備が進み、不動産の証券化が可能になるなど、国際的な不動産市場の育成に寄与する。
  e) これらのことから、21世紀の豊かな国民生活を支える良質なストックの形成が促進されることが期待される。

⑤ 不良債権処理の促進
  a) 目下の大きな政策課題のひとつである不良債権処理に当たっては、担保不動産の流動化が不可欠であるが、従来の借地借家法は、投資利回りの予測を困難にしており、担保不動産の流動化を阻む大きな要因になっていた。
  b) 定期借家権の創設は、多大の政策経費をかけることなく、不良債権処理の課題解決にも大きく寄与する。

⑥ 経済効果
  a) 定期借家権の創設は、住宅市場全体の活性化をもたらし、居住水準の向上及び内需拡大をもたらす効果が期待される。
  b) 経済企画庁の試算によれば、年間約8,000億円の内需拡大効果が見込まれている。

第1章　定期借家権の必要性と概要

2　定期借家権の基本的枠組み

「定期借家権」の基本的枠組みは，以下の通りである。

(1)　契約自由が基本

　① 　定期借家権は，基本的には，契約で定めた期間の満了により，契約の更新がなく終了する「定期建物賃貸借」として位置付ける。
　② 　定期借家権は，当事者が合意する限り契約自由を基本とし，業務用・居住用の区別，広さ，家賃の高低，大都市か否か，最低存続期間等の制約を設けない。

(2)　新規契約に限った導入

　① 　定期借家権は，新規契約に限って導入することとし，既存の契約には適用しない。
　② 　既存契約の更新については従来どおりとする（更新後も普通借家契約として継続する。）。
　③ 　居住用建物の既存契約については，誤解や認識不足による切替えを防ぐため，定期借家契約が市場で定着するまでの当分の間は，当事者の合意があっても，定期借家契約への切替えは認めないこととする。
　④ 　事業用建物の既存契約については，当事者が合理的な判断に基づいて合意解約して，新たに定期借家契約を締結することは認められる。

(3)　新規契約についての従来型契約の適用

　新規契約についても，定期借家契約に加えて，正当事由により保護される従来型の借家契約も可能とする。

3　制度上盛り込むこととされた事項

「定期借家権」の創設に当たって，以下の事項を制度上盛り込むこととされた。

(1)　合意による自由な契約

　　定期借家契約では，当事者が合意する限り，契約自由を基本としている。このため，当事者の合意による家賃改定に関する特約がある場合には，その特約を遵守するものとする。また，借家契約一般について20年を超える長期契約を認めることとしたことに加えて，定期借家契約では，1年未満の短期契約も認めることとする。

(2)　「定期借家」である旨の明示

① 定期借家契約に当たっては，従来型の借家契約と明確に区分できるようにする。
② このため，定期借家契約は公正証書等の書面（定期建物賃貸借契約書等）によってすることとし，期間の満了をもって賃貸借が終了し，契約の更新がない旨を明記するものとする。
③ 加えて，定期借家契約をするときは，家主は，「契約の更新がなく，期間の満了により賃貸借が終了する」旨を記載した書面を借家人に交付して説明しなければならないものとする。
④ 家主が③の説明を怠ったときは，「契約の更新がない」旨の特約は無効となり，従来型の借家契約とみなされるものとする。

(3)　居住・営業の安定への配慮

① 契約自由の基本の下で，居住・営業の安定に配慮するため，期間が

1年以上の契約については，期間満了の1年前から6か月前（通知期間）までに，契約の終了に関する通知を行うこととする。

② ①の通知期間経過後に通知したときは，通知の日から6か月後までは定期借家契約の終了を借家人に対抗できないものとする。

(4) 定期借家契約の中途解約

① 不測の事態における借家人の保護と家賃収入に対する家主の期待の保護との調和を図る観点から，200 ㎡未満の居住用建物については，転勤，療養，親族の介護その他のやむをえない事情が生じた場合には，借家人に1か月の予告期間で解約権を認める強行規定を設けることとする。

② 事業用建物又は200 ㎡以上の居住用建物については，借家人に中途解約権を保障する必要性に乏しいと考えられるため，従来型の借家契約と同様に，当事者の合意による特約で対応することとする。

4 定期借家制度の導入とあわせて講じるべき賃貸住宅政策

定期借家権は既存の借家契約には適用されず，また，定期借家権の創設によってむしろ弱者は家を借りやすくなるため，制度の導入に伴って住宅に困窮する弱者が増加するとは考えられない。

しかしながら，国民のニーズに応じた良質な賃貸住宅等の供給を促進し，賃貸住宅市場を活性化させるため，定期借家制度を導入する一方で，これとあわせ，市場においては自力で必要な住宅サービスを確保できない社会的弱者に対するセーフティネットを充実する必要がある。

(1) 住宅対策の新たな展開

① 今後の住宅対策においては，定期借家権の導入の如何にかかわらず，

21世紀における国際化，少子・高齢化等の進展に対応して，豊かな住生活の実現に向けて，自由な市場の機能を活用した多様なニーズへの対応，選択肢の拡大等を図るとともに，あわせてセーフティネットの拡大を図り，高齢者等に重点を置いて，対策の充実を図ることが必要である。このため，国及び地方公共団体は，適切な規模，性能，居住環境を有する良質な賃貸住宅等の供給の促進のために必要な措置を講ずるよう努めることとされた。

② 第145回通常国会（1999年）で可決成立した住宅性能表示制度の創設等を内容とする「住宅の品質確保の促進等に関する法律」が2000年春に施行されることを受けて，借家人がより正確に住宅の性能を知ることができ，住宅市場を通じて賃貸住宅の品質向上が図られるよう，本制度の普及に努めることとされた。

(2) 住宅困窮者のための良質な公共賃貸住宅の供給の促進

① 国及び地方公共団体は，住宅困窮者に対する適切な規模，性能，居住環境等を有する良質な公共賃貸住宅の供給を促進するため，公共賃貸住宅の整備及び改良等に関し必要な措置を講ずるよう努めることとされた。

現在，公営住宅のストックは211万戸あり，年間4万戸程度の供給が行われており，空き家とあわせて年間19万戸（ストックの約1割）の募集が行われている。

1996年の公営住宅法の抜本改正により，

a) 公営住宅の供給の多様化（直接建設方式に加え，借り上げ方式，買い取り方式を導入）により，効率的な供給が可能になっている。

また，1998年4月からは，

b) 入居管理の適正化の推進（収入超過者に対する近傍同種家賃の徴収による自主的明渡しの促進等）による，住宅に困窮する低所得者の入居

の促進

　c) 入居者の収入に応じた家賃の設定

　d) 高齢者，障害者等困窮度の高い者の入居資格の拡大

などが適用されるなど，公営住宅が住宅に困窮する者に適切に提供されるように措置がなされた新たな公営住宅制度がスタートした。

　1998年度の当初予算では，新たに高齢者向け優良賃貸住宅制度が新設され，21世紀に向けた新たな住宅対策の第一歩が踏み出された。

② 2000年度からの次期住宅建設5箇年計画は，①の趣旨を参酌して策定することとしている。

③ 公共賃貸住宅の管理者は，公共賃貸住宅の入居者の選考に当たり，住宅困窮者の居住の安定が図られるよう努めるものとしている。

(3) 賃貸住宅等に関する情報の提供，相談等の体制の整備

① 国民の住生活を向上させるためには，良質な賃貸住宅の供給に加えて，借家に係る公的相談・斡旋機能の強化を図る必要がある。

② さらに，市場情報等（例えば，公的住宅の募集センターの所在地等や，民間賃貸住宅の情報ネットワーク等）の紹介を行い，家探しに関する情報入手の支援を図る必要がある。

③ 定期借家制度導入当初に一時的に混乱が発生することのないように，一般的に紛争処理の迅速化・簡便化のための方策を検討する必要がある。

④ さらに，公的相談機能の強化や関係団体等（業界団体，法曹界，消費者団体等）の苦情相談機能の強化についても検討する必要がある。

5　定期借家制度創設に関連して対応する立法上の措置等

定期借家権の立法化に関連して，次のような立法上の対応措置を講ずるこ

ととされた。

(1) 期限付借家の取扱い

① 期限付借家制度のうち,賃貸人の不在期間の建物賃貸借(旧法第38条)については,定期借家権に統合することとする。
② 取壊し予定の建物の賃貸借(現行法第39条)については,大部分が定期借家権に包含されるものであるが,本規定は不確定期限でも適用が可能であるため,現行のまま残すこととする。
③ 一時使用目的の建物賃貸借(現行法第40条)については,週単位,月単位等6か月未満の短期の借家需要があるものと考えられるので,現行のままとする。

(2) その他の措置

① 定期借家制度の導入後,その定着状況を見定めた上で,4年後を目途に所要の改善をすることとし,引き続きそのための検討を進める。
② 定期借地権については,建物譲渡特約付借地権(現行法第23条)の建物譲渡後の定期借家権の適用などにより,制度利用の促進を図ることとする。

(3) 施行期日

① この法律は,公布の日から施行するものとする。
② 但し,定期借家権に係る規定は,2000年3月1日から施行するものとする。

第1章 定期借家権の必要性と概要

(参考1)　　　　　我が国の賃貸住宅の特徴

> (1) 借家世帯は，全世帯の4割を占め，約1,570万世帯が借家に居住している。

○ 所有関係別世帯の割合

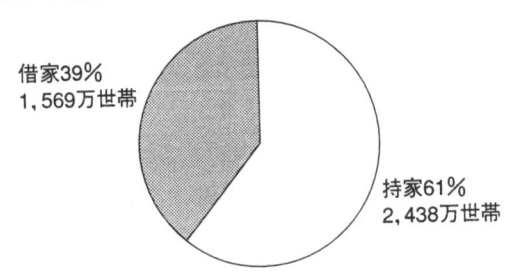

借家39%
1,569万世帯

持家61%
2,438万世帯

(資料) 総務庁統計局『住宅統計調査』(1993年)

> (2) 最低居住水準に達していない世帯の約8割は借家居住世帯である。

○ 最低居住水準未満世帯の所有関係別内訳

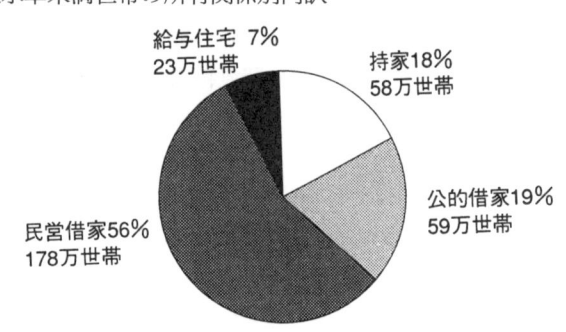

給与住宅 7%
23万世帯

持家18%
58万世帯

公的借家19%
59万世帯

民営借家56%
178万世帯

(備考) 最低居住水準については，特に大都市地域の借家
　　　居住世帯に重点を置いてその水準未満の世帯の解消
　　　に努めることを目標としている。
(資料) 総務庁総務局『住宅統計調査』(1993年)

第1章　定期借家権の必要性と概要

(3) 借家の半数は40 m²未満で，著しく狭小で見劣りしている。

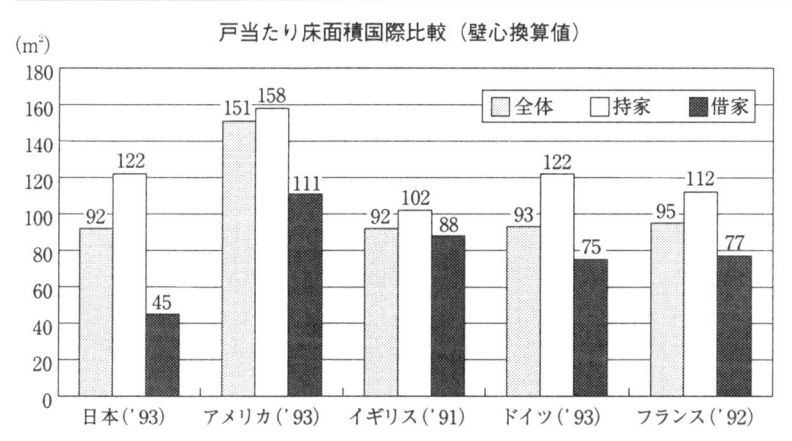

戸当たり床面積国際比較（壁心換算値）

国	全体	持家	借家
日本('93)	92	122	45
アメリカ('93)	151	158	111
イギリス('91)	92	102	88
ドイツ('93)	93	122	75
フランス('92)	95	112	77

（備考）1）アメリカは長屋建・共同住宅を含まない。イギリスは推計値。
　　　　2）参考：各国の借家比率
　　　　　　アメリカ：31.2％（95年），イギリス：33.0％（96年）
　　　　　　ドイツ：60.4％（93年），フランス：39.7％（96年）
（資料）Annual bulletin of Housing and Building Statistics for Europe.
　　　　American Housing Survey. 総務庁統計局『住宅統計調査』(1993年)

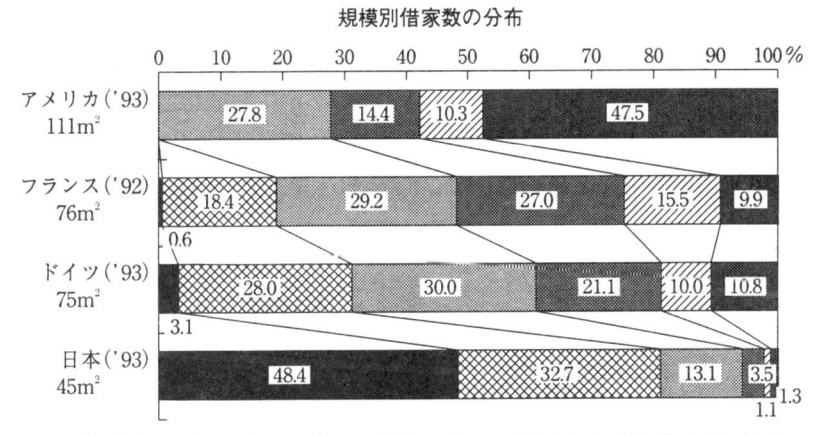

規模別借家数の分布

国	40m²未満	40m²～59m²	60m²～80m²	80m²～100m²	100m²～120m²	120m²以上
アメリカ('93) 111m²		27.8	14.4	10.3	47.5	
フランス('92) 76m²	18.4	29.2	27.0	15.5	9.9	0.6
ドイツ('93) 75m²	3.1	28.0	30.0	21.1	10.0	10.8
日本('93) 45m²	48.4	32.7	13.1	3.5	1.3	1.1

■40m²未満　40m²～59m²　60m²～80m²　■80m²～100m²　100m²～120m²　■120m²以上

（備考）1）建設省推計
　　　　2）アメリカの数値は共同住宅を含まない。フランスは「借家」及び「その他」
　　　　　　の合計
（資料）住宅金融公庫『海外住宅DATA-NOW』

第1章 定期借家権の必要性と概要

> (4) 借家は，移動世帯が多い都市の中心的な住機能の担い手である。

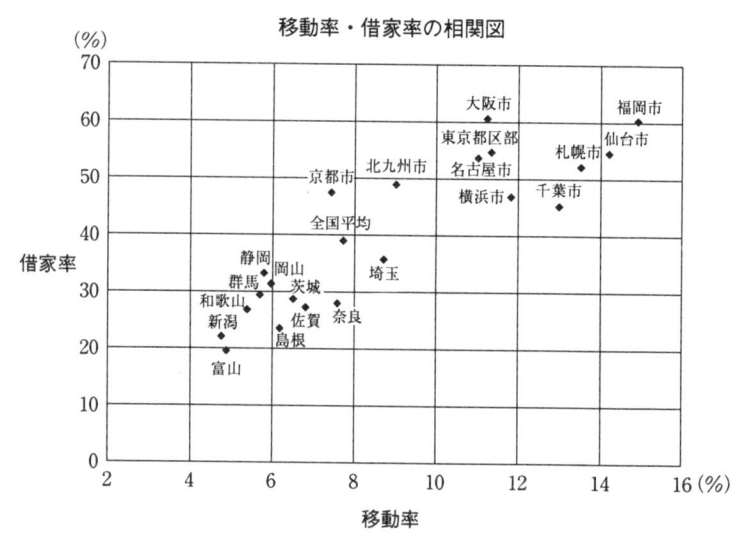

移動率・借家率の相関図

（備考）移動率＝(内部移動者数＋転入者数＋転出者数)／人口（1994〜96年平均）
　　　　借家率＝借家数／(持家数＋借家数)
（資料）総務庁統計局『住民基本台帳人口移動報告年報』（1994〜96年），総務庁統計局
　　　　『住宅統計調査』（1993年）

○ 都心部ほど増加する借家率

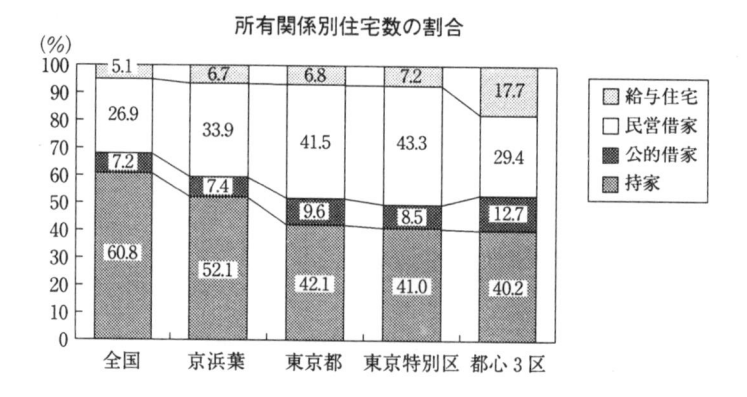

所有関係別住宅数の割合

	全国	京浜葉	東京都	東京特別区	都心3区
給与住宅	5.1	6.7	6.8	7.2	17.7
民営借家	26.9	33.9	41.5	43.3	29.4
公的借家	7.2	7.4	9.6	8.5	12.7
持家	60.8	52.1	42.1	41.0	40.2

（備考）都心3区＝千代田区，中央区，港区
（資料）総務庁統計局『住宅統計調査』（1993年）

第1章 定期借家権の必要性と概要

(5) 住宅ストックのミス・マッチが存在している。

◯ 誘導居住水準による必要住宅数（標準的な構成の世帯・1993年全国／借家）

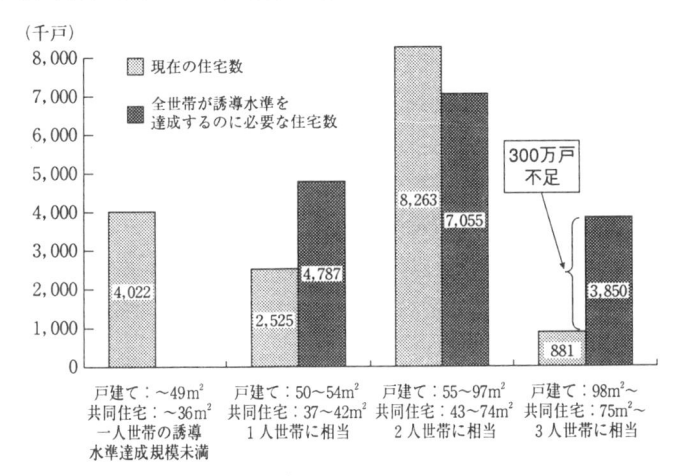

(千戸)

- 現在の住宅数
- 全世帯が誘導水準を達成するのに必要な住宅数

	戸建て：～49m² 共同住宅：～36m² 一人世帯の誘導水準達成規模未満	戸建て：50～54m² 共同住宅：37～42m² 1人世帯に相当	戸建て：55～97m² 共同住宅：43～74m² 2人世帯に相当	戸建て：98m²～ 共同住宅：75m²～ 3人世帯に相当
現在	4,022	2,525	8,263	881
必要		4,787	7,055	3,850

300万戸不足

(備考) 誘導居住水準については，2000年度を目途に全国で半数の世帯が，さらにその後できるだけ早期に，全ての都市圏においてもその水準を確保することができるようにすること。
(資料) 総務庁統計局『住宅統計調査』(1993年)

◯ 高齢者世帯の居住する住宅の延べ床面積分布（1993年全国／持家）

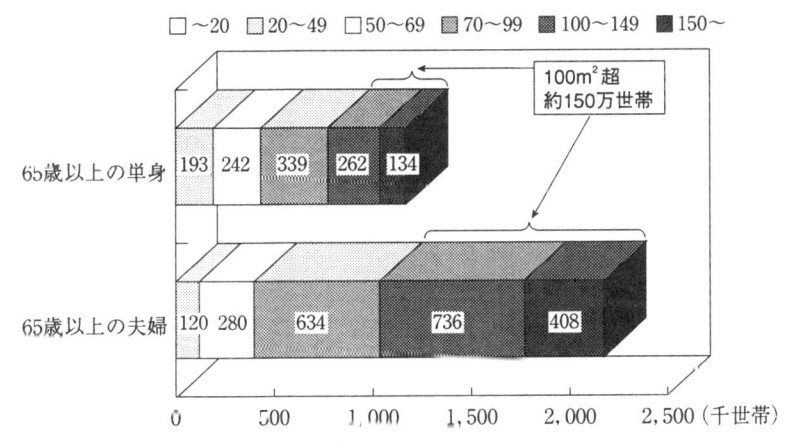

□～20 □20～49 □50～69 □70～99 ■100～149 ■150～

	～20	20～49	50～69	70～99	100～149	150～
65歳以上の単身	193	242	339	262	134	
65歳以上の夫婦	120	280	634	736	408	

100m²超 約150万世帯

(千世帯)

(資料) 総務庁統計局『住宅統計調査』(1993年)

第1章　定期借家権の必要性と概要

(6) 近年，持家率が低下し，借家への移転割合が増加している。

○ 中堅以上の世帯における年齢階級別持家率の推移

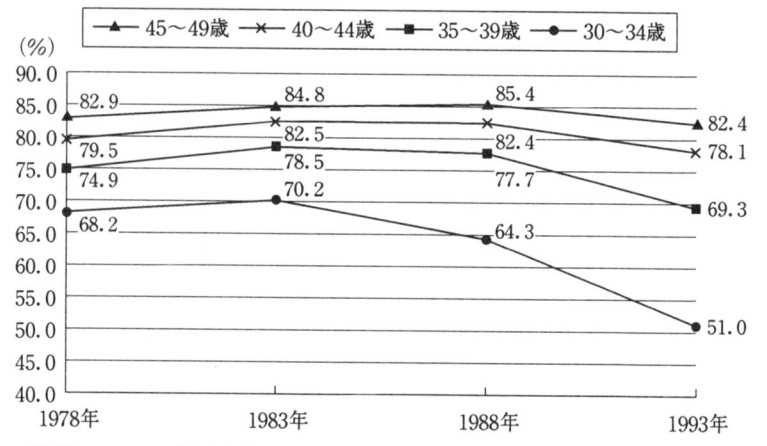

(%)

凡例：▲ 45～49歳　✕ 40～44歳　■ 35～39歳　● 30～34歳

年	45～49歳	40～44歳	35～39歳	30～34歳
1978年	82.9	79.5	74.9	68.2
1983年	84.8	82.5	78.5	70.2
1988年	85.4	82.4	77.7	64.3
1993年	82.4	78.1	69.3	51.0

(備考) ここでの「中堅以上」とは，年収が1979年・400万円以上，1983年・500万円以上，1988年・700万円以上，1993円・700万円以上の世帯とした。
(資料) 総務庁統計局『住宅統計調査』(1993年)

○ 直近5年間に移転した世帯の割合

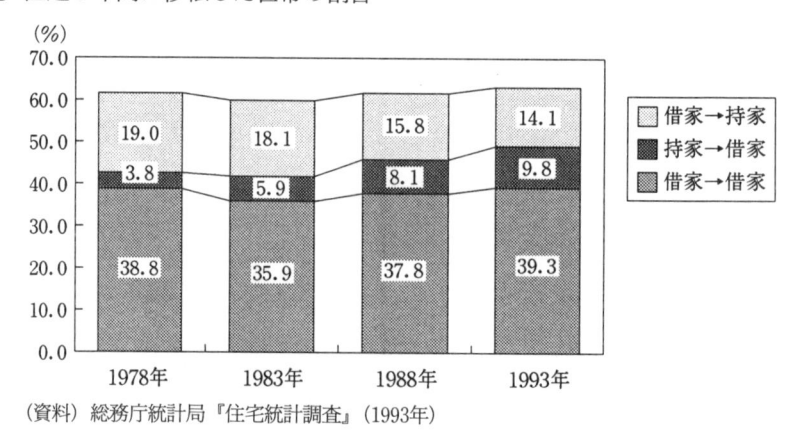

年	借家→持家	持家→借家	借家→借家
1978年	19.0	3.8	38.8
1983年	18.1	5.9	35.9
1988年	15.8	8.1	37.8
1993年	14.1	9.8	39.3

(資料) 総務庁統計局『住宅統計調査』(1993年)

(7) 本格的な居住の場としての借家ニーズが高まっている。

○ 借家居住者の借家居住理由

	1993年調査	1995年調査	1997年調査
①「持家取得困難型」	34.7%	14.4%	14.8%
②「賃貸住宅志向型」	16.0%	31.7%	36.4%
③「持ち家準備型」	29.5%	29.2%	24.2%
その他・無回答	19.8%	24.7%	24.6%

(備考) 各年の調査は，質問項目が若干異なる。
(資料) 住宅金融公庫『住宅需要実態調査』

○ 非持家世帯の持家取得予定

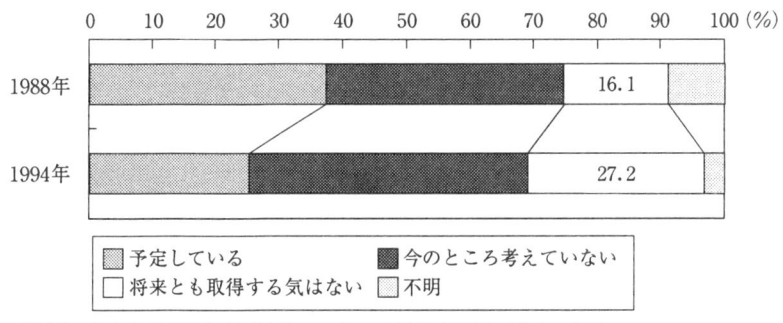

1988年　16.1
1994年　27.2

□ 予定している　■ 今のところ考えていない
□ 将来とも取得する気はない　□ 不明

(資料) 郵政省郵政研究所『家計における金融資産選択に関する調査』

第1章　定期借家権の必要性と概要

（参考2）定期借家権に対する主な反対・慎重論とそれに対する解決策

「定期借家権」に対する主な反対論・慎重論
(1)　定期借家権の基本的枠組み及び制度の内容に関するもの ①　正当事由は，当事者間の調整機能を有しており，正当事由を適用除外とする定期借家の導入は，正当事由制度の事実上の廃止と同じである。 ②　定期借家の導入によって，不当な追い出しなどが多発する。 ③　定期借家の導入によって，不当な家賃の値上げや一時金の請求が行われる。 ④　既存の契約についても，更新時に定期借家に切り替えられ，借家人の居住の安定が損なわれるおそれが強い。

反対論・慎重論に対する解決策

(1) 定期借家権の基本的枠組み及び制度の内容に関するもの

① 本制度は，新規の契約から正当事由制度の適用されない「定期借家権」を新たな選択肢として加えることによって，既存の正当事由制度の保護を受ける借家制度を維持しつつ，契約自由を基本とする不動産市場の適正化を図るものである。

② 家主にとっては，空き家リスクや新規入居者への不安が大きく，特に借手市場である今日においては，不当な追い出しの可能性は極めて低い。適正な市場家賃をきちんと払っている借家人については，再契約して引き続き借りてもらうのが通常のパターンであると考える。

③ 定期借家が導入されると，良質な借家供給が増大することが期待されるため，市場家賃が低下するものと予測される。権利金，礼金等の返却されない一時金については，継続家賃抑制主義による市場家賃との乖離を埋めたり，立退き料の支払いに備えるために導入された経緯があるため，市場家賃の徴収が可能になることによって，なくなる方向に向かうものと期待される。なお，敷金については，一定のルールのもとに退去時に返却されるものであり，従前と同様の取扱いになるものと考える。

④ 定期借家の契約に際しては，「定期借家」である旨公正証書又は契約書に明示することによって，従来型契約との混同を避ける必要がある。既存の契約については，基本的に従来型借家契約に更新されるものである。

　なお，事業用建物の場合は，既存の契約についても，定期借家契約にすれば，家賃が安くなるとか，既に支払った保証金等が返却される

第1章　定期借家権の必要性と概要

「定期借家権」に対する主な反対論・慎重論

⑤　既存の借家から住み替えると，新既契約は全て定期借家になると思われるので，いずれ定期借家が従来型借家を駆逐し，従来型借家が消滅してしまう。

⑥　定期借家の導入によって，家主の選択肢は拡大するが，借家人の選択肢はなくなる。

⑦　契約期間については，ある程度長期の下限（例えば，15年又は30年）を設定すべきである。

第1章　定期借家権の必要性と概要

反対論・慎重論に対する解決策

といった借家人のメリットがある場合において，当事者双方が定期借家契約にすることに同意しているときは，既存の借家契約をいったん合意解約して，新規に定期借家契約を締結することは可能である。その際には，既存契約の合意解約については，事後的トラブル防止の観点から，当事者の意思を明確にするため，公正証書によることも考える。

⑤　主として賃貸マンション経営を業としている家主については，借手市場である今日において，必ずしも定期借家を選択するとは限らず，市場において，従来型借家と定期借家とが併存するものと考えられる。1988年に選択制として定期借家を導入した英国においても，現在，正当事由適用除外の「保証短期賃貸借」と正当事由が限定列挙されている「保証賃貸借」が併存している。いずれにしても，基本的には，家主・借家人双方の自由な選択に基づく市場に委ねるべきであると考える。

⑥　定期借家を導入すると，既存住宅のミス・マッチが解消され，多様な賃貸住宅の供給が促進されるため，借家人の選択肢も増えてライフ・ステージに応じた円滑な住み替えが可能になり，豊かな住生活を送れるようになるものと期待される。例えば，広い持家に住んでいる一人暮らしの高齢者が，子どもが相続するまでの間定期借家で家を貸して，その家賃収入で介護住宅に入居することも可能になる。このように，定期借家は，家主・借家人双方に多大のメリットをもたらす制度である。

⑦　自由な市場機能を十分に発揮させるためには，適用範囲を一切限定しない形で導入するのが望ましい。ある程度長期の下限設定は，家主・借家人双方のニーズを限定することになり，定期借家制度導入の

第1章　定期借家権の必要性と概要

「定期借家権」に対する主な反対論・慎重論

(2) 弱者対策に関するもの
① 契約期限の到来によって，無条件で明け渡さねばならず，絶えず移転を強いられる。特に，営業用借家は，生活のための営業が出来なくなり，深刻な社会不安を招く。

② 高齢者や障害者の場合，転居先がなく，行き先を失う。

③ 法的弱者の救済が必要である。借家人はすべて弱者である。

④ 公営住宅などの公的住宅ストックが少なく，入居が困難となる。

⑤ 契約期間満了後の不法占拠をめぐるトラブルの増加が懸念されるため，常設の相談機関の充実など紛争処理手続きの検討が必要である。

⑥ 経済的弱者保護のためには，公営住宅の増設だけでは不十分である。

反対論・慎重論に対する解決策

効果を相当程度減殺することになる。

(2) 弱者対策に関するもの

① 契約期間が終了しても，市場家賃に基づく家賃改定をして再契約するのが通常であり，家主がカルテルを結んで入居者の選別を強化したり，地域的に需給のギャップが大きい場合などごく限られた状況でしか追い出しは考え難く，定期借家の期間満了時に多くの住宅弱者が発生する可能性はきわめて低いと考える。

② 定期借家制度の導入によって，住宅弱者はむしろ家を借りやすくなるものと考える。また，高齢者や障害者などの住宅弱者の保護については，契約関係の調整によって家主に責任を負わせるべきではなく，公的な救済措置に委ねるべきである。

③ 賃貸借契約は，本来当事者同士の対等な契約関係であって，戦中・戦後の絶対的な住宅不足の一時期を除けば，借家人のすべてが弱者であるとは考え難い。定期借家制度導入の有無にかかわらず，住宅に困窮する高齢者等については，公営住宅への優先入居などによって対処すべきである。

④ 公営住宅への優先入居と併せて，利用可能な住宅の紹介等も含めた公的な相談機能の強化や高齢者向け優良賃貸住宅の供給促進など支援措置の充実を図る必要があると考える。

⑤ その他，紛争処理の迅速・簡便化のための方策の検討や公的な相談機能の充実などを進め，関連団体等を通じて，苦情相談や情報提供サービスなどの支援を図る必要があると考える。

⑥ 経済的弱者保護のためには，住宅対策だけではなく，高齢化の進展等に対応して，社会保障その他の総合的な施策を推進していくことが必要であると考える。

第2章　良質な賃貸住宅等の供給の促進に関する特別措置法・逐条解説

1　良質な賃貸住宅等の供給促進措置（本法律第1条～第4条）

(1)　目　的（本法律第1条）

> （目的）
> 第一条　この法律は，良質な賃貸住宅等（賃貸住宅その他賃貸の用に供する建物をいう。以下同じ。）の供給を促進するため，国及び地方公共団体が必要な措置を講ずるよう努めることとするとともに，定期建物賃貸借制度を設け，もって国民生活の安定と福祉の増進に寄与することを目的とする。

本法律第1条は，良質な賃貸住宅等の供給を促進するため
(1)　国及び地方公共団体が必要な措置を講ずるよう努めること
(2)　定期借家制度を創設すること
によって，「国民生活の安定と福祉の増進に寄与すること」をその目的としている旨を規定している。

なお，良質な「賃貸住宅等」とは，賃貸住宅その他賃貸の用に供する建物をいい，「等」には事業用の賃貸オフィス，店舗なども含まれる。

(2)　良質な賃貸住宅等の供給の促進のための措置
（本法律第2条第1項）

> （良質な賃貸住宅等の供給の促進）

> 第二条　国及び地方公共団体は，適切な規模，性能，居住環境等を有する良質な賃貸住宅等の供給の促進のために必要な措置を講ずるよう努めるものとする。
> 2　（省略）

　賃貸住宅市場の現状に鑑みた場合，少子高齢化など社会経済情勢の変化に応じ，ファミリー向け賃貸住宅を中心として立ち後れた居住水準の改善を図りつつ，バリアフリー化，都心居住の推進，防災性の強化等の社会的要請に対応した良質な賃貸住宅等の供給を促進していくことが重要である。
　このため，本法律第2条第1項においては，国及び地方公共団体は，適切な規模，性能，居住環境等を有する良質な賃貸住宅等の供給の促進のため必要な措置を講ずるよう努める旨が規定されている。

(3)　住宅性能表示制度の普及（本法律第2条第2項）

> （良質な賃貸住宅等の供給の促進）
> 第二条
> 1　（省略）
> 2　国及び地方公共団体は，賃貸住宅について安全性，耐久性，快適性等の確保に資するため，住宅の性能を表示する制度の普及に努めるものとする。

1　現状では，住宅を取得しようとする者にとっては
　(1)　住宅の性能に関する表示の共通ルールがないため，相互比較することが難しい
　(2)　住宅の性能に関する評価の信頼性に不安がある
　などの様々な問題があると指摘されている。
2　その解決のため，住宅性能表示制度の創設等を内容とする「住宅の品

質確保の促進等に関する法律」が第145回国会で可決され，2000年春の施行が目指されている。

本法律第2条第2項では，国及び地方公共団体がこのような住宅性能表示制度の普及に努める旨が規定されている。

3 なお，住宅性能表示制度は
(1) 耐震性，耐久性等の住宅の性能に関する表示のための共通ルールを建設大臣が定めること
(2) 住宅の性能を客観的に評価する第三者機関（評価機関）を建設大臣が指定すること

などを内容としている。

(4) 住宅困窮者のための良質な公共賃貸住宅の供給の促進（本法律第3条）

> （住宅困窮者のための良質な公共賃貸住宅の供給の促進）
> 第三条 国及び地方公共団体は，住宅に困窮する者に対する適切な規模，性能，居住環境等を有する良質な公共賃貸住宅（地方公共団体，都市基盤整備公団又は地方住宅供給公社が整備する賃貸住宅をいう。以下この条において同じ。）の供給を促進するため，公共賃貸住宅の整備及び改良等に関し必要な措置を講ずるよう努めるものとする。
> 2 住宅建設計画法（昭和四十一年法律第百号）第四条第一項に規定する住宅建設五箇年計画は，前項の趣旨を参酌して策定されなければならない。
> 3 公共賃貸住宅の管理者は，公共賃貸住宅の入居者の選考に当たり，住宅に困窮する者の居住の安定が図られるよう努めるものとする。

1 本法律第3条は，良質な賃貸住宅の供給の促進に際し，特に住宅困窮者のための良質な公共賃貸住宅の整備及び改良等に当たり，国及び地方

公共団体が努めることを定めたものである。

「住宅に困窮する者」には，自力で最低居住水準を満たす住宅に入居することが困難な低所得者のみならず，良質な民間賃貸住宅の供給が不足しているため，適切な住宅を確保できない高齢者世帯，身体障害者世帯，母子世帯，多子世帯等の者も含まれる。

「公共賃貸住宅」には
(1) 地方公共団体が整備する「公営住宅」
(2) 都市基盤整備公団（旧住宅・都市整備公団）が整備する「公団賃貸住宅」
(3) 一定の地方公共団体が出資して設立した地方住宅供給公社が整備する「公社賃貸住宅」

等があり，(1)については公営住宅法，(2)については都市基盤整備公団法，(3)については地方住宅供給公社法に基づき，「住宅建設五箇年計画」に即して，それぞれ具体的な施策が講じられている。

2　公共賃貸住宅の入居者の選考方法に関しては，例えば，公営住宅については公営住宅法第25条，同施行令第7条に定めがある。同法第25条では，選考方法につき，(1)住宅に困窮する実情を調査し，(2)政令で定める選考基準に従い，(3)条例で定めるところにより，(4)公正な選考方法で決定しなければならないことが規定されている。

また，同施行令第7条では，住宅困窮度の判定基準となる選考基準を定め，以下のいずれかに該当する者のうちから選考（＝入居者の決定）を行うものとされている。

(1) 住宅以外の建物若しくは場所に居住し，又は保安上危険若しくは衛生上有害な状態にある住宅に居住している者
(2) 他の世帯と同居して著しく生活上の不便を受けている者又は住宅がないため親族と同居することができない者
(3) 住宅の規模，整備又は間取りと世帯構成との関係から衛生上又は風教上不適当な居住状態にある者

(4) 正当な事由による立退きの要求を受け，適当な立退き先がないため困窮している者（自己の責めに帰すべき事由に基づく場合を除く。）
(5) 住宅がないために勤務場所から著しく遠隔の地に居住を余儀なくされている者又は収入に比して著しく過大な家賃の支払いを余儀なくされている者
(6) 以上に該当する者の他に現に住宅に困窮していることが明らかな者

(5) 賃貸住宅等に関する情報の提供，相談等の体制の整備（本法律第4条）

> （賃貸住宅等に関する情報の提供，相談等の体制の整備）
> 第四条　国及び地方公共団体は，良質な賃貸住宅等に対する国民の需要に的確に対応できるよう，賃貸住宅等に関する情報の提供，相談その他の援助を行うために必要な体制の整備に努めるものとする。

1　良質な賃貸住宅の供給を促進するためには，消費者・供給者が主体的に判断できる的確な情報の提供，紛争を未然に防止する契約ルールの普及，賃貸住宅市場の情報の流通の円滑化，家主及び借家人双方を対象とする第三者による相談機能の充実等が必要となる。このため，本法律第4条では，国及び地方公共団体が，賃貸住宅等に関する情報提供，相談等の体制の整備に努めることが定められている。
2　現在，借地借家に係る公的相談・斡旋機関としては，国民生活センター，都道府県の担当課の窓口，法律相談，消費者センター等様々なものがあり，紛争等への対応が行われている。
3　賃貸住宅等に関する情報提供体制及び相談体制の機能を充実するため，借家に係る公的相談窓口，公共賃貸住宅の募集窓口の所在，民間賃貸住宅情報ネット等の紹介等を消費者に対して行うとともに，公共賃貸住宅に関する募集情報の総合的提供体制の整備を図ることが期待される。

第2章　良質な賃貸住宅等の供給の促進に関する特別措置法・逐条解説

4　また，本法律の趣旨を踏まえ，地方公共団体において，住宅相談体制の一層の充実が図られること，建設省において，関係機関及び関係団体との連携を強化し，相談業務に対処するための「借家相談マニュアル」を作成すること等により，相談機能の充実及び紛争処理の円滑化が図られることが期待される。

5　建設省においては，これまで，賃貸借契約をめぐる紛争を防止し，借家人の居住の安定及び家主の経営の合理化を図ることを目的とした「賃貸住宅標準契約書」の作成，民間賃貸住宅の退去時における原状回復に係るトラブルの増加に対応した「原状回復をめぐるトラブルとガイドライン」の作成等の取組が行われている。

2　定期建物賃貸借制度の創設（本法律第5条）

（借地借家法の一部改正）

第五条　借地借家法（平成三年法律第九十号）の一部を次のように改正する。

　目次中「期限付建物賃貸借」を「定期建物賃貸借等」に改める。
　第二十三条に次の一項を加える。

3　第一項の特約がある場合において，借地権者又は建物の賃借人と借地権設定者との間でその建物につき第三十八条第一項の規定による賃貸借契約をしたときは，前項の規定にかかわらず，その定めに従う。

　第二十九条に次の一項を加える。

2　民法第六百四条の規定は，建物の賃貸借については，適用しない。
　「第三節　期限付建物賃貸借」を「第三節　定期建物賃貸借等」に改める。
　第三十八条を次のように改める。
（定期建物賃貸借）

第三十八条　期間の定めがある建物の賃貸借をする場合においては，公正証書による等書面によって契約をするときに限り，第三十条の規定にかかわらず，契約の更新がないこととする旨を定めることができる。この場合には，第二十九条第一項の規定を適用しない。
2　前項の規定による建物の賃貸借をしようとするときは，建物の賃貸人は，あらかじめ，建物の賃借人に対し，同項の規定による建物の賃貸借は契約の更新がなく，期間の満了により当該建物の賃貸借は終了することについて，その旨を記載した書面を交付して説明しなければならない。
3　建物の賃貸人が前項の規定による説明をしなかったときは，契約の更新がないこととする旨の定めは，無効とする。
4　第一項の規定による建物の賃貸借において，期間が一年以上である場合には，建物の賃貸人は，期間の満了の一年前から六月前までの間（以下この項において「通知期間」という。）に建物の賃借人に対し期間の満了により建物の賃貸借が終了する旨の通知をしなければ，その終了を建物の賃借人に対抗することができない。ただし，建物の賃貸人が通知期間の経過後建物の賃借人に対しその旨の通知をした場合においては，その通知の日から六月を経過した後は，この限りでない。
5　第一項の規定による居住の用に供する建物の賃貸借（床面積（建物の一部分を賃貸借の目的とする場合にあっては，当該一部分の床面積）が二百平方メートル未満の建物に係るものに限る。）において，転勤，療養，親族の介護その他のやむを得ない事情により，建物の賃借人が建物を自己の生活の本拠として使用することが困難となったときは，建物の賃借人は，建物の賃貸借の解約の申入れをすることができる。この場合においては，建物の賃貸借は，解約の申入れの日から一月を経過することによって終了する。
6　前二項の規定に反する特約で建物の賃借人に不利なものは，無効とする。

> 7　第三十二条の規定は，第一項の規定による建物の賃貸借において，借賃の改定に係る特約がある場合には，適用しない。

　旧法第 38 条は，家主が転勤等により不在の場合であって，一定期間後には当該建物に居住することを予定しているときには，契約の更新がない旨の定めをすることができるとして，期限付建物賃貸借を認めていた。今回の定期借家権は，これを一般化するものであるので，旧法第 38 条を改正して規定するものとされた。

3　建物譲渡特約付借地権に係る建物への適用
　（本法律第 5 条）〔改正法第 23 条第 3 項〕

> （建物譲渡特約付借地権）
> 第二十三条　借地権を設定する場合においては，第九条の規定にかかわらず，借地権を消滅させるため，その設定後三十年以上を経過した日に借地権の目的である土地の上の建物を借地権設定者に相当の対価で譲渡する旨を定めることができる。
> 2　前項の特約により借地権が消滅した場合において，その借地権者又は建物の賃借人でその消滅後建物の使用を継続しているものが請求をしたときは，請求の時にその建物につきその借地権者又は建物の賃借人と借地権設定者との間で期間の定めのない賃貸借（借地権者が請求をした場合において，借地権の残存期間があるときは，その残存期間を存続期間とする賃貸借）がされたものとみなす。この場合において，建物の借賃は，当事者の請求により，裁判所が定める。
> 3　第一項の特約がある場合において，借地権者又は建物の賃借人と借地権設定者との間でその建物につき第三十八条第一項の規定による賃貸借契約をしたときは，前項の規定にかかわらず，その定めに従

> う。

　建物譲渡特約付借地権＊に関する現行法第23条は，第2項において，借地上の建物が借地権設定者に譲渡されることにより借地権が消滅した段階で建物が継続使用されている場合に，借地権者又は建物の賃借人が請求をしたときには，建物について期間の定めのない賃貸借（借地権者が請求した場合で，借地権の残存期間があれば，それを存続期間とする賃貸借）がされたものとみなされることとしている（法定賃貸借）。

　しかし，このような場合においても，当事者に定期借家契約を成立させる意思があればこれを認めても差し支えなく，むしろ，これを認めることが，当事者の意思を尊重する観点から適当であると考えられる。

　このため，改正法第23条第3項において，建物譲渡特約付借地権の場合にも，当事者の合意によって譲渡後の建物につき定期借家契約を成立させることができることとされた。

＊　借地権設定後30年以上を経過した日に借地権の目的である土地の上の建物を借地権設定者に相当の対価で譲渡するという特約を付した借地権であり，建物の譲渡により借地権が消滅するという意味では定期借地権の一類型である。

問1　改正法第23条第3項の定期借家契約はいつまでにすればよいか。

答　現行法第23条第2項は，建物譲渡特約により建物の所有権が借地権設定者に移転した後に請求があれば法定賃貸借が成立するものとしている。改正法第23条第3項は，この法定賃貸借を排除する合意を可能とするものであるから，法定賃貸借を成立させる請求があるまでの間はいつでも契約をすることが可能である。

第2章 良質な賃貸住宅等の供給の促進に関する特別措置法・逐条解説

4　借家契約の期間（本法律第5条）〔改正法第29条第2項〕

（建物賃貸借の期間）
第二十九条　期間を一年未満とする建物の賃貸借は，期間の定めがない建物の賃貸借とみなす。
2　民法第六百四条の規定は，建物の賃貸借については，適用しない。

参照条文：民法（賃借権の存続期間）
第六百四条　賃貸借ノ存続期間ハ二十年ヲ超ユルコトヲ得ス若シ之ヨリ長キ期間ヲ以テ賃貸借ヲ為シタルトキハ其期間ハ之ヲ二十年ニ短縮ス
2　前項ノ期間ハ之ヲ更新スルコトヲ得但更新ノ時ヨリ二十年ヲ超ユルコトヲ得ス

　期間の上限について，民法第604条は，賃貸借の存続期間の上限を20年と定めているが，契約自由の原則及び借家契約の存続保護の観点から，20年を超えて存続する借家契約を締結することができるようにしたものである。

5　定期建物賃貸借契約（本法律第5条）〔改正法第38条第1項〕

（定期建物賃貸借）
第三十八条　期間の定めがある建物の賃貸借をする場合においては，公正証書による等書面によって契約をするときに限り，第三十条の規定にかかわらず，契約の更新がないこととする旨を定めることができる。この場合には，第二十九条第一項の規定を適用しない。

第2章　良質な賃貸住宅等の供給の促進に関する特別措置法・逐条解説

2～7　（省略）

参照条文：借地借家法（強行規定）
第三十条　この節の規定に反する特約で建物の賃借人に不利なものは、無効とする。

1　従来、建物賃貸借契約については、「正当事由」（現行法第28条）がある場合でなければ家主から借家人に対する更新拒絶及び解約の申入れができないこととされており、契約の更新がないこととする特約は、無効とされてきた（現行法第30条）。

　これに対し、改正法第38条第1項は、期間の定めがある建物の賃貸借については、公正証書等の書面で契約がされた場合に限り、契約の更新がなく、期間の満了により賃貸借が終了する定期借家契約をすることができることとしたものである。

2　なお、期間の下限について、現行法第29条第1項は、1年未満の期間の建物賃貸借は期間の定めがない建物の賃貸借とみなす旨を定めているが、改正法第38条第1項後段は、定期借家契約においては、契約自由を基本とすることから、この規定を適用せず、当事者が1年未満の期間を定めても、その期間の定めがそのまま有効となることとされた。

問2　「第三十条の規定にかかわらず、契約の更新がないこととする旨を定めることができる。」とはどういう意味か。

答　普通借家契約では、家主の更新拒絶又は解約申入れに正当事由がない限り、契約は終了しない（現行法第28条）。契約の更新がないこととする特約は、現行法第30条の規定により無効とされてきた。

　そこで、本項では、公正証書等の書面で契約がされ、意思が明確にされ

第2章 良質な賃貸住宅等の供給の促進に関する特別措置法・逐条解説

ている場合に限り，期間の定めがある建物の賃貸借については，現行法第30条の規定の特例として，契約の更新がないこととする旨を定めた定期借家契約をすることができることとしたものである。

> **問3** 定期借家契約につき書面によることを必要とする趣旨は何か。
> また「公正証書による等」とされたのはなぜか。

答1 定期借家契約は，普通借家契約と比較すると，契約の更新がなく，期間の満了により賃貸借が終了することになり，その効果において大きな差異が存する。このため，口頭による契約を認めると，借家人が定期借家権の内容を十分に理解しないまま契約をして不測の損害を被ることにもなりかねない。

2 そこで，当事者の合意を明確にするために，書面による契約を義務付けることとされた。

また，当事者の意思の確認が最も厳重かつ確実に行われることから，書面として公正証書を例示したものである。定期借家契約を締結するために必要な書面とは公正証書に限定されたものでなく，形式等も問わないが，契約の更新がないこととする旨の定めが明確に記載された書面であることを要する。

3 再契約を行う場合は，新たな書面で契約しなければならない。たとえまったく同様の賃貸条件による場合でも，新たな契約を新たな書面によって行うことが必要である。再契約が更新ではないことに注意しなければならない。

4 なお，口頭の契約では，定期借家とは認められず，普通借家となる。

> **問4** 契約の終了後，借家人の建物の占有が継続し，家主がこれに異議を述べないような場合には，黙示の更新はされるのか。

答1 定期借家契約は，期間の満了により賃貸借が終了するものである。その性質上，当初の契約関係を維持存続させる「更新」はない。改正法第38条第1項の条文上も，「契約の更新がないこととする旨を定めることができる」とされており，黙示の更新（民法第619条）の規定の適用も排除される。

 2 したがって，契約の終了後借家人が建物の占有を継続し，家主がこれに異議を述べないような場合であっても，更新はなされない。

 3 ただし，定期借家契約については，家主に定期借家契約の終了についての通知が義務付けられており，この通知をしなければ定期借家契約の終了を借家人に対抗することができないこととされているので，家主が借家人に対して建物の明渡しを求めるためには，あらかじめ通知をしておくことが必要である（改正法第38条第4項参照）。

問5 定期借家契約について現行法第29条第1項の規定を適用しない理由は何か。

答 現行法第29条第1項では，1年未満の借家契約は期間の定めがない建物の賃貸借とみなされており，1年未満の借家契約を締結することは許されていない。しかし，定期借家契約では，長期出張，長期休暇期間中の借家等，数週間，数か月といった単位の借家契約に関する供給も需要も十分に想定される。現実にアメリカなどではこのような短期間の定期借家契約が活用されている。このような場合に，家主及び借家人双方のニーズに応えるため，短期の定期借家契約も認めることとしたものである。

6 書面を交付したうえでの事前説明義務
（本法律第5条）〔改正法第38条第2項〕

> （定期建物賃貸借）
> 第三十八条
> 1 （省略）
> 2 前項の規定による建物の賃貸借をしようとするときは，建物の賃貸人は，あらかじめ，建物の賃借人に対し，同項の規定による建物の賃貸借は契約の更新がなく，期間の満了により当該建物の賃貸借は終了することについて，その旨を記載した書面を交付して説明しなければならない。
> 3 建物の賃貸人が前項の規定による説明をしなかったときは，契約の更新がないこととする旨の定めは，無効とする。
> 4～7 （省略）

1 本法律は，普通借家に加えて，定期借家制度を創設するものであり，本法律が施行された後は，普通借家と定期借家の二つの制度が併存することとなる。したがって，建物を賃借しようとする者は，いずれの制度による借家契約を締結するか選択することができる。ただし，定期借家契約の場合，契約の更新がなく，期間の満了により賃貸借が終了することとなり，借家人がこの点を十分に理解しないまま定期借家契約を締結すると，不測の損害を被ることとなりかねない。

2 このため，借家人の意思決定のための情報を十分に提供させるとの観点から，書面による契約に加えて，家主に書面を交付したうえでの説明義務を課したものである。

3 借家人に定期借家契約であることを十分に説明するためには，家主において，契約の更新がなく，期間の満了により賃貸借が終了する旨を明

瞭に記載した書面を交付する必要がある。

このためには，書面には当該契約が改正法第38条第1項に基づく契約であって，同法第26条，28条の規定にかかわらず，契約の更新がないこと及び期間の満了により賃貸借が終了することに加え，次の事項を記載することが望ましいと考えられる。

① 日付
② 家主氏名
③ 代理人を選任する場合は，代理人氏名
④ 定期借家契約の骨子（対象建物，契約期間（始期及び終期）等）

4　説明とは書面を交付したうえでの口頭による説明をいうが，実際の借家契約の実務においては，家主は同席せず，仲介業者が家主の代理人として契約内容を説明する場合もある。この場合，業者が仲介として本項による事前説明を行っても有効とはならないため，あらかじめ家主から，事前説明に係る代理権が与えられる必要がある。このような場合に業者が代理人として事前説明する際には，その旨を文書に記載しておくことが望ましい。

さらに，「あらかじめ」すなわち契約に時間的に先立って説明することが必要なため，日付けは当然契約日以前となる。

問6　家主が書面を交付したうえでの事前説明をしなかったときは，契約の更新がないこととする旨の定めは無効とするとした理由は何か。
　　　また，無効になった場合，当該賃貸借契約について，どのような効果が発生するのか。

答1　家主が説明義務を怠るなどした場合には，建物賃貸借契約のうち，契約の更新がないこととする旨の定めの部分のみが無効とされるのであるから，同契約は普通借家契約であったものとされる。

したがって，同契約については，法定更新（現行法第26条），正当事

由（現行法第28条）等の規定の適用を受けることとなる。
2 家主が説明義務を怠るなどした場合にこうした効果を認めた理由は，次のとおりである。
 (1) 家主による十分な説明がないと，借家人が契約の更新がないことなどを十分に理解しないままで定期借家契約を締結するおそれがあること
 (2) 説明義務を怠る場合に特約を無効とすることにより，家主から借家人に対して，意思決定のための十分な情報が提供され得るようになること
 (3) 借家人が十分に納得した上で定期借家契約を締結することで，定期借家契約の特約の有無に関する紛争の回避にも資すること

7 賃貸借契約終了の通知

（本法律第5条）〔改正法第38条第4項〕

（定期建物賃貸借）
第三十八条
1～3 （省略）
4 第一項の規定による建物の賃貸借において，期間が一年以上である場合には，建物の賃貸人は，期間の満了の一年前から六月前までの間（以下この項において「通知期間」という。）に建物の賃借人に対し期間の満了により建物の賃貸借が終了する旨の通知をしなければ，その終了を建物の賃借人に対抗することができない。ただし，建物の賃貸人が通知期間の経過後建物の賃借人に対しその旨の通知をした場合においては，その通知の日から六月を経過した後は，この限りでない。
5 （省略）
6 前二項の規定に反する特約で建物の賃借人に不利なものは，無効と

する。
7　（省略）

　定期借家契約では，あらかじめ定められた期間が満了すれば，契約関係が終了し，家主が再契約を希望しない場合には，借家人は直ちに建物を明け渡さなければならないことになる。長期間の定期借家契約の場合，借家人が契約期間の到来を失念することもあり得る。このような場合に，期間の満了をもって突然借家人に建物を明け渡させることは，代替する借家を見つけていないこともあり得るので，借家人にとって酷な事態になりかねない。

　このため，期間の満了により契約が終了する旨の通知を家主に義務付け，この通知を怠った場合には，家主は，借家人に対し，賃貸借の終了を対抗することができなくなるものとすることにより，借家人への不意打ちを防止し，借家人の保護を図ったものである。

　なお，期間が1年未満の場合には，期間満了はかなり近い将来のことであり，改めて注意喚起をしなければ借家人が期間満了を失念するという可能性は小さく，家主に通知を義務付ける必要性は乏しいと考えられるので，1年以上の期間の契約に限り家主の通知を義務付けたものである。

> 問7　1年前から6か月前までの間に通知をしなければならないものとした理由は何か

答　家主に定期借家の終了についての通知を義務付けたのは，借家人に契約終了に関する注意を喚起し，再契約のための交渉や代替建物を探すために必要な期間を確保するためであるが，そのための期間としては，6か月が相当であると考えられる（現行法第26条及び第34条参照）。
　また，この通知を期間満了から相当早期にさせるとすると，借家人に契約終了に関する注意を喚起するという趣旨を没却することになりかねない。

このような両者の要請の調和を満たすため，家主は期間満了の1年前から6か月前までの間に通知をしなければならないものとされたものである。

> **問8** 家主が「その終了を賃借人に対抗することができない」とする趣旨は何か。

答 本項は，家主が通知義務を怠っていた場合に，借家人が突然期間満了による立退きを求められるという不意打ちを防止するための措置である。家主が期間満了の通知を怠っている場合には，契約期間満了後であっても家主は借家人に対し立退きを要求することができないこととしたものである*。

* 「対抗することができない」とは，すでに成立した権利関係を他人に対して主張できないことをいう。つまり，借家人は，借家契約が存続するものとして占有することもできるし，借家契約が終了したとして契約関係から離脱して立ち退くことも可能である。

> **問9** 通知期間内に通知しなかった場合に，家主がとり得る措置とは何か。

答 家主に通知義務を課し，これに違反した場合に家主が賃貸借の終了を対抗することができないようにする趣旨は，借家人に契約終了に関する注意を喚起し，再契約のための交渉や代替建物を探すための期間（猶予期間）を最低6か月確保することにある。

したがって，期間満了の6か月前までに通知がなかったとしても，家主がその後通知をすれば，その通知によって注意が喚起されるのであるから，その後6か月間の猶予期間を付与すれば借家人の保護には十分である。このため，通知期間の経過後であっても，家主は，賃貸借の終了の通知をすれば，通知の日から6か月を経過した後は，賃貸借の終了を借家人に対抗

することができるものとされている。

> **問10** 期間の満了以降であれば，家主からの通知がない場合でも，借家人はその意思によって何らの手続もなしに退去できるのか。

答　家主が通知義務を怠った場合には，借家人に不測の損害が生じないようにするため，借家人は契約期間が満了した後も引き続き建物を賃借することができる。もっとも，これは，借家人を保護するための措置であるから，借家人の方から契約関係を離脱することは自由である。

このように，家主が通知義務を怠ったことに対する一種の制裁として建物の占有が適法化される一方で，借家人としてはその意思によって何らの手続もなしにいつでも退去することができる。

ただし，期間満了後について，借家人が支払うべき賃料の額を確定するため，借家人が退去した日を明確にする必要がある。借家人がいつの間にかいなくなったというのでは，借家人が支払うべき賃料の額について争いが生じうるためである。

> **問11** 家主が期間満了の通知を怠り，契約期間終了後もなお借家人が居住し続けている場合に，借家人が必要費，有益費を支出したときは，借家人はその償還を求めることができるか。

答　期間満了に関する通知期間内の通知を行わなかった場合，家主は，借家人に契約の終了を対抗できない。したがって，家主が契約の終了を通知してから6か月を経過するまでの間は，賃貸借契約が存続しているのと同一の取扱いがされるので，当該期間中の借家人が支出した必要費・有益費については，その償還を求めることができる（民法第608条）。

第2章 良質な賃貸住宅等の供給の促進に関する特別措置法・逐条解説

8　賃借人による中途解約権
（本法律第5条）〔改正法第38条第5項〕

> （定期建物賃貸借）
> 第三十八条
> 1～4　（省略）
> 5　第一項の規定による居住の用に供する建物の賃貸借（床面積（建物の一部分を賃貸借の目的とする場合にあっては，当該一部分の床面積）が二百平方メートル未満の建物に係るものに限る。）において，転勤，療養，親族の介護その他のやむを得ない事情により，建物の賃借人が建物を自己の生活の本拠として使用することが困難となったときは，建物の賃借人は，建物の賃貸借の解約の申入れをすることができる。この場合においては，建物の賃貸借は，解約の申入れの日から一月を経過することによって終了する。
> 6　前二項の規定に反する特約で建物の賃借人に不利なものは，無効とする。
> 7　（省略）

　期間の定めがある賃貸借をする場合においては，当事者が中途解約をすることができる旨の特約をしない限り，期間の満了前に一方的に契約を解約することはできないのが原則である（民法第618条参照）。しかしながら契約後の事情変更により建物に居住し続けることができなくなったときには，期間の満了までの賃料支払義務を負担し続けることが借家人にとって過酷な場合があり得る。

　このため改正法第38条第5項では，定期借家契約において，床面積200㎡未満の居住用建物に限り，転勤，療養，親族の介護その他のやむを得ない事情により，借家人が建物を自己の生活の本拠として使用することが困

第2章　良質な賃貸住宅等の供給の促進に関する特別措置法・逐条解説

難となったときに限って，契約上特約がなくても，強行規定により借家人に中途解約権を認めることとしたものである。

なお，本項の規定の適用がない場合であっても，借家人に中途解約権を認める特約があれば，借家人からの一方的解約が可能であることは旧法下での期間の定めのある借家契約と同様である（民法618条）。

> **問12**　店舗兼住宅には本項の規定の適用はあるか。

答　店舗兼住宅の賃貸借のように建物の一部のみが居住の用に供される場合も，その賃貸借は，「居住の用に供する建物の賃貸借」に該当し，建物の床面積が200㎡未満であれば，本項の規定が適用される。

この場合，床面積が200㎡未満であるか否かは，店舗兼住宅の店舗部分など，居住の用に供されない部分も含めた建物全体（建物の一部のみが賃貸借の対象となっているときは，その賃貸借の対象となっている部分全体）の床面積で判断される。

> **問13**　「その他のやむを得ない事情」とは何か。

答　「その他のやむを得ない事情」とは，契約締結時において，将来のある時期に当該事情が生じることを的確に予測して契約期間を定めることを借家人に期待することが困難又は不可能な事情であって，当該事情の発生により借家人が建物を自己の生活の本拠として使用することが困難となるようなものをいう。

既に例示された「転勤，療養，親族の介護」といった事情以外には，例えば，業務命令として一定期間以上の長期にわたる海外留学を命じられたような場合が考えられる。

第 2 章　良質な賃貸住宅等の供給の促進に関する特別措置法・逐条解説

9　片面的強行規定（本法律第 5 条）〔改正法第 38 条第 6 項〕

　　（定期建物賃貸借）
第三十八条
1 ～ 3 　（省略）
4 　第一項の規定による建物の賃貸借において，期間が一年以上である場合には，建物の賃貸人は，期間の満了の一年前から六月前までの間（以下この項において「通知期間」という。）に建物の賃借人に対し期間の満了により建物の賃貸借が終了する旨の通知をしなければ，その終了を建物の賃借人に対抗することができない。ただし，建物の賃貸人が通知期間の経過後建物の賃借人に対しその旨の通知をした場合においては，その通知の日から六月を経過した後は，この限りでない。
5 　第一項の規定による居住の用に供する建物の賃貸借（床面積（建物の一部分を賃貸借の目的とする場合にあっては，当該一部分の床面積）が二百平方メートル未満の建物に係るものに限る。）において，転勤，療養，親族の介護その他のやむを得ない事情により，建物の賃借人が建物を自己の生活の本拠として使用することが困難となったときは，建物の賃借人は，建物の賃貸借の解約の申入れをすることができる。この場合においては，建物の賃貸借は，解約の申入れの日から一月を経過することによって終了する。
6 　前二項の規定に反する特約で建物の賃借人に不利なものは，無効とする。
7 　（省略）

　改正法第 38 条第 4 項（家主の通知義務）及び同条第 5 項（居住用建物の借家人の中途解約権）が片面的強行規定であることを明らかにしたものである。

片面的強行規定であるから，借家人に有利な特約は効力を否定されない。例えば，改正法第38条第4項ただし書の場合において，通知の日から6か月のところを12か月に延長する特約や，同条第5項の場合において，解約の申入れの日に賃貸借を終了させる特約は，有効である。

10　借賃改定特約（本法律第5条）〔改正法第38条第7項〕

(定期建物賃貸借)
第三十八条
1～6　（省略）
7　第三十二条の規定は，第一項の規定による建物の賃貸借において，借賃の改定に係る特約がある場合には，適用しない。

参照条文：現行法（借賃増減請求権）
第三十二条　建物の借賃が，土地若しくは建物に対する租税その他の負担の増減により，土地若しくは建物の価格の上昇若しくは低下その他の経済事情の変動により，又は近傍同種の建物の借賃に比較して不相当となったときは，契約の条件にかかわらず，当事者は，将来に向かって建物の借賃の額の増減を請求することができる。ただし，一定の期間建物の借賃を増額しない旨の特約がある場合には，その定めに従う。
2　建物の借賃の増額について当事者間に協議が調わないときは，その請求を受けた者は，増額を正当とする裁判が確定するまでは，相当と認める額の建物の借賃を支払うことをもって足りる。ただし，その裁判が確定した場合において，既に支払った額に不足があるときは，その不足額に年一割の割合による支払期後の利息を付してこれを支払わ

なければならない。
3　建物の借賃の減額について当事者間に協議が調わないときは、その請求を受けた者は、減額を正当とする裁判が確定するまでは、相当と認める額の建物の借賃の支払を請求することができる。ただし、その裁判が確定した場合において、既に支払を受けた額が正当とされた建物の借賃の額を超えるときは、その超過額に年一割の割合による受領の時からの利息を付してこれを返還しなければならない。

　現行法第32条第1項は、契約の条件にかかわらず借賃増減請求権が認められるものとしているが、当事者間で家賃改定特約を定めた場合には、これを有効とする裁判例がある一方で、特約の適用の結果得られる家賃が相当でない場合には、特約に拘束されないとするものがある。
　このため、あらかじめ収益を確定させることを意図して家賃改定特約を定めたにもかかわらず、一方が請求をすると、裁判所の判断を受けることになり、家賃改定特約が実質的に意味をなさないものとなるとの指摘もあった。
　そこで、契約自由を基本とする定期借家制度に関しては、家賃改定についても当事者の合意を優先させることとして訴訟を回避することができるようにする趣旨で、改正法第38条第7項において明文により家賃改定特約を有効としたものである。

問14　一定期間家賃を改定しない旨の特約は、改正法第38条第7項の合意として有効か。

答　改正法第38条第7項の趣旨は、家賃を定める当事者の合意があれば、それを優先させるというものであるから、家賃を客観的に定めるものとして、借賃増減請求権の規定の適用を排除するに足りる合意であることが必要である。

一定期間家賃を改定しない旨の合意は，従前の家賃をそのまま維持するという意味で家賃を客観的に定めるものであり，改正法第38条第7項の合意として有効である。

> **問15** 家賃を当事者間の協議で定める旨の特約は，改正法第38条第7項の合意として有効か。

答 改正法第38条第7項の趣旨は，家賃を定める当事者の合意があれば，それを優先させるというものである。したがって，家賃を客観的に定めるものとして，借賃増減請求権の規定の適用を排除するに足りる合意であることが必要である。

家賃を当事者間の協議で定める旨の特約は，単に家賃の決め方を定めたにすぎず，家賃を客観的に定めるものとして，借賃増減請求権の規定の適用を排除するに足りるとはいえない。このため，改正法第38条第7項の合意として有効とはいえない。

したがって，この場合には借賃増減請求権を行使することができる。

11　施行期日（本法律附則第1条）

> 　　　附　則
> 　（施行期日）
> 第一条　この法律は，公布の日から施行する。ただし，第五条，次条及び附則第三条の規定は，平成十二年三月一日から施行する。

本法律附則第1条は，本法律の施行期日を定めるものであるが，本法律のうち借地借家法の一部改正に係るものについては，周知期間を設ける必要があるので，2000年3月1日から施行することとされた。

これに対し，本法律の他の規定については，施行までの準備期間を設ける必要がないので，本法律の公布の日から施行することとされた。

12　経過措置（本法律附則第2条第1項）

> （借地借家法の一部改正に伴う経過措置）
> 第二条　第五条の規定の施行前にされた建物の賃貸借契約の更新に関しては，なお従前の例による。
> 2　（省略）

　定期借家制度の導入をその内容とする本法律第5条の施行前の建物の賃貸借契約は，すべて正当事由制度を前提として締結された契約であり，その契約の更新が，従来どおり取り扱われるべきことは当然である。
　そこで，このことを明文で確認するため，本法律附則第2条第1項において，「なお従前の例による」ことが規定されたものである。

> 問16　本法律施行前にされた建物の賃貸借であって，契約の更新がないこととする定めのあるものの効力はどうなるのか。

答　本法律（特に第5条）の施行前にされた建物の賃貸借については，旧法第38条の期限付借家を除き，現行法第30条により契約の更新がないこととする特約は無効とされ，普通借家契約としての効力が生じている。本法律には改正法第38条の遡及適用を定める規定が存在しないため，本法律第5条の施行時において現に締結されている普通借家契約について，遡って改正法第38条の規定が適用されて定期借家としての効力が認められることはない。したがって，本法律第5条の施行前にされた建物の賃貸借で，契約の更新がないこととする定めのあるものについては，同条の施行後も，

契約の更新につき正当事由制度による保護がある。

13　期限付建物賃貸借についての登記
（本法律附則第2条第2項）

> （借地借家法の一部改正に伴う経過措置）
> 第二条
> 1　（省略）
> 2　第五条の規定の施行前にされた建物の賃貸借契約であって同条の規定による改正前の借地借家法（以下「旧法」という。）第三十八条第一項の定めがあるものについての賃借権の設定又は賃借物の転貸の登記に関しては，なお従前の例による。

　不動産登記法第132条は，賃借権の設定登記等に当たって，旧法第38条の規定による賃貸借である場合にはその旨を申請書に記載しなければならないなど，同条の期限付借家の登記に関する規定を設けている。

　期限付借家に関する旧法第38条の規定は，今回の改正により定期借家に関する規定に改められたので，旧法第38条の規定による期限付借家の契約をし，本法律第5条の施行後その登記をする場合には，旧法第38条の規定による賃借権の設定等である旨を明記する必要がある。そこで，以上のような登記について，なお従前の例によるものとしたものである。

　なお，旧法第38条の規定による期限付借家の登記の効力については，本法律第5条施行後も依然として有効である。

14　切替え禁止措置（本法律附則第3条）

> （借地借家法の一部改正に伴う経過措置）
> 第三条　第五条の規定の施行前にされた居住の用に供する建物の賃貸借（旧法第三十八条第一項の規定による賃貸借を除く。）の当事者が，その賃貸借を合意により終了させ，引き続き新たに同一の建物を目的とする賃貸借をする場合には，当分の間，第五条の規定による改正後の借地借家法第三十八条の規定は，適用しない。

　本法律第5条の施行により定期借家制度が導入されたため，普通借家契約を合意解約し，新たに定期借家契約が締結されること（いわゆる定期借家への切替え）が行われることによって，定期借家の内容を十分に理解しないまま切替えに応じてしまった借家人が不利益を受ける危険があるので，既存の借家人の保護を徹底するため，居住用の借家に関しては，当分の間，定期借家への切替えを認めないこととしたものである。
　なお，既存の契約が旧法第38条第1項の規定による期限付建物賃貸借であった場合は，それ自体が更新のない契約であることから，このような措置は講じられないこととされた。

> **問17**　居住用の借家についてのみ定期借家への切替えを認めない理由は何か。

答　定期借家への切替えに際しては，事業用の借家の場合は，一般的に，借家人である事業者が借家契約の内容を慎重に検討して判断することが期待できるが，居住用の借家の場合は，借家人が定期借家の内容について十分に理解しないまま切替えに応じてしまい，期間の満了時に予定外の明渡しを迫られることとなる危険があるので，生活基盤としての住居の重要性に

鑑み，居住用の借家については，当分の間，定期借家への切替えを認めないこととしたものである。

> **問18** 「当分の間」とは，どの程度の期間を想定しているのか。

答 定期借家制度が一般に普及し，居住用の借家に関しても，借家人が定期借家の内容を十分に理解した上で切替えの可否を判断することが一般的に期待できるような状況になれば，居住用の借家についても定期借家への切替えを認めて差し支えないと考えられるが，そのような状況となるのがいつかを予め想定することはできない。

そこで，本法律附則第4条において，施行後4年を目途として見直しを行うこととし，その段階で，居住用の借家について定期借家への切替えを認めて差し支えないかどうかの検討も併せて行われることとなる。

> **問19** 家主が死亡し，その子が物件を相続し家主となった場合で，同一の借家人が同一の物件を賃借するとき等，物件が同一でその相続人が引き続き当事者となる場合は，従前の借家契約を定期借家契約に切り替えることはできるか。
> また，家主が賃貸住宅を第三者に譲渡し，賃貸住宅の所有者が変更となった場合の取り扱いはどうなるのか。

答1 相続においては，相続人が，被相続人の財産に属した一切の権利義務を包括的に承継するものとされる（民法第896条）。相続人は，被相続人が有していた賃貸人たる契約上の地位も当然に引き継ぐことになり，したがって，相続人は，従前からの借家人に対し，被相続人と同様の借家契約上の義務を負っており，当事者は同一であると評価されるので，相続人による定期借家契約への切替えは，附則第3条に違反し，することができない。

2 また，家主が賃貸住宅を第三者に譲渡した場合，原則として，賃貸人たる契約上の地位が，譲受人に移転する。したがって，譲受人（新家主）と借家人が賃貸借契約における当事者となるため，両者の間で，賃貸借契約を合意解約して定期借家契約へ切替えをすることはできない。

15 検 討（本法律附則第4条）

> （検討）
> 第四条 国は，この法律の施行後四年を目途として，居住の用に供する建物の賃貸借の在り方について見直しを行うとともに，この法律の施行の状況について検討を加え，その結果に基づいて必要な措置を講ずるものとする。

　本法律は，良質な賃貸住宅等の供給を促進するという住宅政策上の目的のため，国及び地方公共団体が必要な措置を講ずるよう努めることとするとともに，定期借家制度を導入することとされたものであるが，既存の借家制度を大きく変更することとなるだけに，その実際的な効果を見極めつつ，居住用の借家の在り方について更に見直しを行うことが必要になる。
　また，その際は，国及び地方公共団体の講じた措置についても併せて検討を加え，その結果に基づいて必要な措置を講ずることが必要であると考えられる。
　このような観点から，本法律附則第4条において，本法律の施行後4年を目途として，上記のような見直し及び検討を行うことが規定されたものである。

第3章　定期借家権に関するQ＆A

1　普通借家の問題点

> 問1　普通借家に関する解約制限と家賃規制の特徴とは何か。

答1　現行法は，普通借家に関して，解約制限と家賃規制を課すことによって，現に建物を借りている借家人だけを強力に保護してきている。

　具体的には，現行法第28条においては，家主が借家人に対して解約又は更新の拒絶若しくは条件改定による更新をする場合には，いわゆる正当事由が必要とされている。

　この正当事由制度は，1941年，戦時緊急立法として，住宅の絶対的窮乏に対処するために導入された。当初は，自らや家族が居住するため，建物の老朽化による建替のためなどは無条件に正当事由であり，立退料も一切不要であった。ところが，戦後むしろ経済成長の下で住宅事情が好転するにつれて，かえって正当事由制度は強化されている。

　また，現行法では，普通借家に関して，初期家賃は規制しないが，契約が更新・継続するごとの家賃（以下「継続家賃」という。）は，市場家賃よりも常に低く抑えられることが判例法上確立している（継続家賃抑制主義）。借賃増減額訴訟においては，不動産鑑定評価理論上の差額配分法を用いて，支払家賃と市場家賃の差額を2分の1ずつ家主と借家人に配分する判例が多い。借家人が自発的に退去しない限り，正当事由制度により期間が超長期となるため，抑制分の家賃の現在価値の合計額が借家権価格となり，これが相当の額にのぼることとなる。

第3章 定期借家権に関するQ&A

2 正当事由制度の特徴は，次のとおりである。

第1に，家主側の事情のみならず借家人側の事情も含め総合的に比較衡量する。

第2に，その比較衡量に際しては客観的基準が存在しない。訴訟事件ごとに判断されるのが実態である。

第3に，極端な額の立退料を判例が認めるようになっている。場合によっては，受け取った家賃の合計額以上の立退料を支払うこととした判例もある＊。受け取った家賃から必要経費を差し引いた額を超える額を返すことになるかもしれないとすれば，貸すことへの不安が大きくなるのは容易に想像がつく。

これに対して，それでも開発利益があるから立退料を支払えるのだとして正当化する議論がある。しかしながら，予想が甘くて貸してしまった者にとっては，立退訴訟の時点での立退料の支払いがセカンドベストにはなるだろうが，ファーストベストは，予想を的確にして最初から貸さないままとしておくことにほかならない。これは借家人の利用の機会がその分奪われることと等しい。

第4に，現行法は，新規家賃を一切コントロールしていないため，自発的に退去する借家人はどのように弱者であろうとも，家賃規制，解約制限，高額な立退料などとは無縁である。これに対して，いったん借家権が発生し，自発退去しない者は，どのように強者であろうとも強力な保護を受けることになるというアンバランスがある。

＊ 福井秀夫「借地借家の法と経済分析」八田達夫・八代尚宏編『東京問題の経済学』199頁（東京大学出版会，1995年）

問2　正当事由制度によって日本の借家にはどのような弊害がもたらされたか。

答1　日本でも，正当事由制度以前は広い借家が多く流通し，夏目漱石も森

鷗外も生涯を借家で過ごした。正当事由制度は，回転率が低く供給コストの高くなる広い借家を市場から奪い去り，借家の狭小化と借家率の極端な低下をもたらした。日本の持家の平均床面積は122㎡とアメリカを除く主要国よりも広く，すでにウサギ小屋を脱した。これに対し借家の平均は45㎡とアメリカ，イギリス，ドイツ及びフランスの3分の1から2分の1程度にとどまっている[1]。民間借家に占める40㎡未満の住宅は，日本48％，ドイツ3％，フランス0.6％と日本に限って借家の極端な小規模化が進展している[2]。

2 なお併せて，次のような弊害も指摘されている。

① 良質な持家ストックが空家となり，また，広い持家に単身又は夫婦のみで居住している高齢者が多い一方で，狭小な賃貸住宅に居住する子育て世帯等が存在し，社会全体で住宅のミスマッチが生じていること

② 将来発生する可能性がある立退料，継続家賃が抑制される傾向にあること等に備えるため，入居に当たり，家賃及び敷金以外の不明瞭な一時金（礼金，権利金等）授受が行われ，円滑な住替え，居住の選択等が困難となっていること

③ 更新拒絶が困難であるため，「小さな子供はお断り」といった入居条件の限定が行われていること

④ 民間賃貸住宅の円滑な建替えを阻害する要因となっていること

[1] 数字の出典は，第1章参考1(3)「戸当たり床面積国際比較（壁心換算値）」参照。

[2] 数字の出典は，第1章参考1(3)「規模別借家数の分布」参照。

問3 一般の市民は，正当事由制度についてどのように考えていたか。

答1 毎日新聞の『定期借家権に関するアンケート調査結果』（1998年2月）によれば，正当事由制度が「賃貸住宅経営圧迫」や「賃貸住宅の供給そ

のものの妨げ」と意識している方が各々半数程度に達していた。
2　同調査では，定期借家制度導入に「反対」はわずか4％にすぎず，大半の方が導入に賛成していた。

2　定期借家制度創設の意義と効果

> 問4　定期借家制度導入の意義とは何か。

答　第1に，望むような借家に入居したくてもできなかった潜在的借家人の利益が増大する。まず空き家や遊休持家が借家として供給されるようになり，次いで郊外を中心に広めの新築借家が増大する。定期借家研究会（会長：田中啓一日本大学教授）の試算では，東京の通勤1時間圏内では定期借家制度の導入によって8.7％家賃が低下することを見込んでいる*。

　第2に，高齢者住宅が流動化する。全国の65才以上の夫婦又は単身の世帯のうち，150万世帯が100㎡を超える住宅に住んでいる。この中には，不便を我慢して住んでいる者もいると考えられるが，正当事由による解約制限のため貸したくても貸せない世帯も存在している。米英では，資産形成した住宅は定期借家で運用し，その収益でケア付住宅に居住するための費用をまかなうのが，高齢者の一般的なライフスタイルである。

　第3に，持家の売買も活性化する。日本では，売買はある時点で決断する必要があるが，米英では，売りのとき市況がよくなるまで定期借家で運用し，買いのときも試し入居をすることが多い。日本でもこれが行われれば持家の売買の活性化が期待できる。

　第4に，土地利用のバリエーションが増える。賃貸を前提としたあらゆる利用を想定できるため，土地の付加価値を競い合い，豊かで活力ある都市像がより身近なものとなる。

　第5に，持家と借家が相対化する。これまでのように借家は狭く安普請

という類型化の必然性はなくなる。建築ストックの質は向上し，質の高い賃貸住宅がさまざまな形態で供給され，賃貸の共同住宅も増えていくと考えられる。

* 定期借家研究会『定期借家権導入によるGDP増大効果』(1999年)

問5 定期借家制度の導入は，借家人にどのような利益をもたらすか。

答1 定期借家制度の導入により，良質かつ多様な借家供給が促進され，様々なニーズに応じた賃貸住宅の選択肢の拡大が図られる。

さらに，供給の増大によって市場家賃が低下するほか，建物返還時期，収益見通し等の不確実性が改善されるため，これら不確実性に対するリスク・プレミアム相当分の家賃が低下し，礼金，権利金等の一時金が不要になるか大幅減額される。

2 極端な借家人保護は，結局のところ家主間の競争制限として機能してきた。家主の競争が抑えられて価格・サービス・物件不足で最も不利益を被るのは消費者，すなわち潜在需要者を含めた借家人側なのである。

今回の定期借家制度導入は，既得権に手を付けずに新たなメリットを借家人にもたらすものである。

問6 定期借家権による弊害は想定できるか？

答 今回の定期借家制度導入は，契約を書面によるものとし，また家主による借家人への事前説明義務を付加するなど，そもそも当事者が完全に納得する合意に有効性を付与することが基本となっている。既存契約を維持する権利を無条件に認めている以上，いわゆる社会的弱者が過酷な地位におとしめられるなどの弊害を想定することはできない。

第3章　定期借家権に関するQ&A

> **問7**　定期借家権が一般的な米英などの借家市場はどのような状況か。

答1　米英の定期借家の多くは期間が1年である。しかし，米英では，日本でとりざたされたように，家主が家賃のつり上げや追い出しを図ることで借家人の地位が不安定になるという報告は聞かれない。定期借家が定着しているため家主間の競争が激しく，家賃をきちんと払い，丁寧に使う借家人を追い出せば，悪評が立ち借家人がいなくなる。したがって，そのような家主はいないというのが両国政府の見解である[*1]。日本においても，米英と同様にして，悪徳家主が頻発するとは考えにくい。

2　また，定期借家の定着した米英では，高齢者等は静かで住居を丁寧に使うとしてむしろ歓迎される借家人であり，入居差別はない。日本では，普通借家しかなかった旧法下の制度こそ，居住期間が長くなり，所得上昇期待が小さいと見込まれる高齢者等が，入口段階で差別されるという弱者差別の元凶にほかならなかった。

3　さらに，オーストラリア，シンガポール等においても，定期借家制度導入論議で反対論者が主張したような弊害の報告は聞かれない。

4　イギリスでは，定期借家の導入で社会的混乱が生じたという指摘があったが，これらはいずれも次のような理由によるものである[*2]。

①　イギリスでは家賃が上昇したという批判

具体的には，1988年法によって翌89年から定期借家権を導入したイギリスでは，物価が1.5倍に上昇した間に，定期借家の家賃が3倍にも上昇したとする指摘があった。しかし，実は3倍になったのは89年の統制家賃と比較した96年の定期借家家賃である。イギリスでは定期借家権導入以前は，新規家賃・継続家賃を問わず家賃統制を行っていた。統制家賃はすべて人為的な産物であって，それが取り払われたことによって，その分市場家賃に回復して家賃が上昇するのは当然のことである。

イギリスと異なり，日本では，現在も含め元々新規家賃は自由である。

選択肢の純増である定期借家の導入によって,家賃は下がると考えられる。

定期借家家賃固有の推移は,導入直後の約65ポンドから約90ポンドへの1.4倍の上昇であって,これはむしろほぼ消費者物価の伸びに対応している。イギリスの経験は,定期借家を支持する論拠にはなってもその逆ではない。

② イギリスでは,一寝室の「小規模」住宅が増え,家族向けは減少したとする批判

イギリスのワンベッドルームとは通常日本の1LDKを意味する住戸の概念である。日本の15㎡〜20㎡程度のワンルーム借家とはおよそかけ離れた住戸であり,これを小規模と決めつけるのは適切ではない。

③ イギリスでは家賃補助による財政負担が増えて政府を悩ませているという批判

イギリスで家賃補助が増大したのは,1つには公営住宅という直接供給予算を削減しつつ家賃補助への政策的転換を進めたためであり,2つには家賃統制の解除に伴い補助額がその分増大したためであって,定期借家の導入のためではない。

④ 家賃が上がって景気にマイナスに働くとする批判

他の条件を一定として供給が増えるならば,家賃はそれに応じて低下する。

5 なお,ドイツでは1960年代の定期借家権導入により,家賃が上昇し,紛争が頻発するなど混乱が生じたという批判があったが,ドイツでは既得権を強制的に剥奪する定期借家制度の導入を行った結果,これに伴い家賃が上昇したり,紛争が多発したものである。前提の異なるドイツの事情を,そのまま日本に適用することは適切ではない。

＊1 福井秀夫「定期借家権の法と経済分析」阿部泰隆・野村好弘・福井秀夫編『定期借家権』85〜90頁(信山社,1998年)
＊2 阿部泰隆・上原由起夫・久米良昭・玉井克哉・野村好弘・八田達夫・福井秀

第3章　定期借家権に関するQ＆A

夫・福島隆司・丸山英気・山崎福寿・吉田修平「『定期借家』は弱者を守る」週刊金曜日263号・50〜51頁（1999年），同「不公正な定期借家反対論」週刊金曜日274号・50〜51頁（1999年）

問8　旧法第38条の期限付建物賃貸借と定期借家との関係は？

答　期限付建物賃貸借は次の2点の理由により実用性に乏しいものとなっていた。第1は，自己の本宅でなければ使用できなかったことである。余剰住宅については一切活用できないため，その利用可能性は極めて低かった。第2は，確定期限があらかじめ定まっていなければならなかったことである。転勤の辞令を受けた際に，例えば2年後に確実に元の所に戻ってくることが保障されていない場合が多い。

3　定期借家権と住宅市場

問9　今後の借家需要についての見通しはどのようなものか。

答1　住宅は1973年以降量的に充足されており，また，近年，将来への先行き不透明感から長期の住宅ローンを組むことへの不安感が増大していること等から，地価下落による住宅価格の低下にもかかわらず，持家志向が低下している。こうした中，ライフスタイルに応じた多様な居住ニーズを背景として，本格的な居住の場としての借家ニーズが高まっている。

2　このような状況において，借家居住の割合には変化がみられるが，その一方で，床面積をはじめ賃貸住宅の水準は低く，賃貸住宅居住者の住宅に対する不満率は高い。したがって，良質な賃貸住宅供給へのニーズは高く，この状況は今後も続くものと予想される。

借家居住者の借家居住理由

	1993年	1995年	1997年
持家取得困難型	34.7%	14.4%	14.8%
賃借住宅志向型	16.0%	31.7%	36.4%
持 家 準 備 型	29.5%	29.2%	24.2%
その他・無回答	19.8%	24.7%	24.6%

(注) 各年の調査は，質問項目が若干異なる。
(参考) 非持家世帯の持家取得予定
　　　（「将来とも取得する気はない」1988年度：16.1%→1994年度：27.2%）
　　　（資料）郵政省郵政研究所「家計における金融資産選択に関する調査」
(資料) 住宅金融公庫『住宅需要実態調査』

3　定期借家制度導入による市場の活性化を通じて，良質で低廉な借家居住への需要は，今後十分期待できると考えられる。

問10　定期借家制度導入によって，どのような持家ストックが流動化するのか。

答 1　少子・高齢化社会への移行が進展する中で，高齢世帯においては，安定的なフロー収入の確保，ケア付き住宅入居費の確保，相続までの資産運用などを目的として，これまで居住してきた広い住宅や住まい手のないまま空き家となっている持家を賃貸住宅として有効活用するニーズが高まっている。このような持家ストックの活用によって，住宅ストックのミスマッチ緩和，借家ストックの床面積の拡大，流通市場の活性化などが期待される。

2　具体的には，現在，住宅ストックの平均床面積は，持家 122 ㎡（東京都，大阪府では 99.5 ㎡），民営借家 42 ㎡（東京都，大阪府では 35.9 ㎡）という状況にある*1。これに対して，「空き家」となっている持家は 83 ㎡（東京都，大阪府）である。遊休持家の家主の約 7 割が賃貸活用を望んでいるため，遊休持家の賃貸化により，現在の借家ストックよりも 2 倍

第3章 定期借家権に関するQ&A

以上広い借家が供給される可能性があると期待される*2。

3 一方，65歳以上の高齢単身及び夫婦のみ世帯で100㎡以上の広い持家居住は約150万世帯に達する。高齢者の資産運用目的による広い持家の賃貸活用も期待される。

4 これらのことから，定期借家権の導入によって，良質な持家ストックが流動化し，借家の居住水準改善に寄与すると期待される。

*1 総務庁統計局『住宅統計調査』(1993年)
*2 (財)日本住宅総合センター「二大都市における空き家実態調査 (Ⅳ)」(1996年)，(財)日本住宅総合センター・(財)アーバンハウジング『「空き家」所有者の意識に関する調査』(1998年) などによる。

問11 定期借家制度導入によって，新築借家はどれだけ増大するか。

答1 定期借家研究会の試算*1では，東京都心通勤1時間圏内の新設住宅市場で定期借家制度が導入された場合の住宅建設促進効果を，次のように予測している。

① 借家新設戸数は41.6％増大する。

② 持家と借家を併せた住宅建設戸数は16.9％，年間17,400戸増大する。

2 実際，アンケート調査によっても*2，定期借家制度が導入された場合，新築の借家に関しても広い借家の供給意向が増大することが示されている。

*1 定期借家研究会『定期借家権導入によるGDP増大効果』(1999年)
*2 毎日新聞『定期借家権に関するアンケート調査結果』(1998年)

問12 定期借家制度の導入により家賃が上昇することはあり得るのか？

答 日本では，普通借家においても，結果として家賃が規制されているのは

第3章　定期借家権に関するQ&A

継続家賃だけであり，新規家賃は完全に市場家賃となっている。
　一方，今回の定期借家制度導入では，定期借家権は新規契約に限り，選択肢の追加として導入されるのであるから，供給の総量は増え，供給が増えることにより，家賃は低下すると考えられる。
　諸外国においても，定期借家制度の導入という固有の事情によって家賃が上昇した例は聞かれない。

問13　定期借家制度の導入によって，家賃はどれほど下がるのか。

答1　家賃は，景気動向など市場の様々な要因によって決まるものであるが，他の要因による影響を排除し，定期借家制度導入単独の影響を見れば，借家供給が促進されるため，市場家賃は引き下げられると考えられる。

2　定期借家研究会[*1]では，東京都心通勤1時間圏内の新設住宅市場で定期借家制度が導入された場合の住宅価格低減効果を，次のように予測している。
　① 借家市場家賃（初期家賃）は，8.7％低下する。
　② 借家市場の需給緩和は持家市場にも波及し，持家価格は4.3％低下する。

3　アンケート調査[*2]でも，定期借家制度導入によって，「家賃が下がる」，「多少の家賃引下げが可能」，「家賃の上昇幅を緩和する」などの回答がみられる。また，「空き家」である持家家主の44％は，賃貸活用に当たり，家賃は「維持経費（固定資産税等）が賄えれば十分」と回答しており，「市場家賃が取れなければ他人には貸さない」と回答した35％を上回っており，家賃収入に必ずしも固執しない状況がうかがえる。

[*1]　定期借家研究会『定期借家権導入によるＧＤＰ増大効果』（1999年）
[*2]　㈱日本住宅総合センター・㈱アーバンハウジング『「空き家」所有者の意識に関する調査』（1998年）などによる。

第3章 定期借家権に関するQ&A

> 問14 定期借家制度の導入によって期待される経済効果はどの程度なのか。

答1 定期借家制度が導入されると，賃貸住宅経営による収益が確実に期待されるようになり，賃貸住宅供給に対する意欲は高まる。このため，規模の大きい良質な賃貸住宅着工に結びつくのみならず，賃貸住宅市場自体が活性化し，内需拡大にも大きく寄与することとなる。

2 経済企画庁では，定期借家制度導入により，良質で多様な借家の供給が増大することによってGDPは年間平均約8,000億円増大し，新制度が浸透するまでの所要期間20年で累積経済効果は16兆円に達すると予測していた。

3 定期借家研究会[*1]では，東京都心通勤1時間圏内の新設住宅市場で定期借家制度が導入された場合，住宅建設投資拡大は年間2,740兆円に達し，住宅建設投資の乗数効果1.495を乗じたGDP拡大効果はこの地域だけで年間4,100億円と推計していた。

4 なお定期借家制度の導入は，不動産証券化の前提条件を整備することにもなる。このため，不動産投資が活性化し，都心部の低未利用地等も良質な賃貸住宅及び商業ビルの用地として利用されるなどの派生的効果が見込まれるほか，いわゆる不良債権処理にも貢献することが期待される。

5 このような経済効果は，制度が特定の契約類型を全面禁止していた措置に，その一部を解除することにより財政投入なしに実現されるものであるため，その効果は極めて大きいものと評価される。

＊1 内閣会議決定『21世紀を切りひらく緊急経済対策』(1997年)
＊2 定期借家研究会『定期借家権導入によるGDP増大効果』(1999年)

> 問15 定期借家制度導入と不動産証券化とは，どのような関係にある

のか。

答1　定期借家制度導入によって初めて，①有効な家賃改定特約に基づく，②20年を超える長期契約という建物賃貸借の契約類型が可能になった。これにより，賃貸ビル・賃貸マンションの確実かつ安全な収益見通しが可能となったため，不動産証券化推進の前提条件が整備されることとなった。今後は，金融ビッグバンの進展等による個人や機関投資家の投資対象として，定期借家権を活用した賃貸建物経営に係る不動産証券の比重が高まると予測される。

2　現に，米国のＲＥＩＴ（不動産投資信託）市場では，賃貸住宅投資がオフィス投資を上回る規模に達している。

3　不動産証券化の促進は，資金調達コストを低減させ，商業ビル，賃貸マンション建設投資の活性化により，都心部の再開発促進に寄与するのみならず，既存ストックの賃貸転用等も通じて住宅市場の活性化にもつながるものと考えられる。

問16　定期借家と普通借家は，どのようにして市場で併存することとなるか。

答1　定期借家権は，既存契約への適用が全面禁止されており，既存の普通借家契約はそのまま存続する。

2　新規契約についても，定期借家契約と普通借家契約との併存性であり，自由な選択が可能である。

　　家主にとって，定期借家には，居住年数が長期化しても市場家賃収入が確保できること，契約期間の満了によって賃貸借契約を終了できることなどのメリットがある反面，普通借家と比較して，初期家賃や敷金を安くせざるを得ない，礼金もとれないなどのデメリットがある。

　　借家人にとって，普通借家には，確実に長期に亘って居住できること，

継続家賃は安く据え置かれることというメリットがある反面，定期借家と比較して，初期家賃及び一時金が高いこと，性能や質に関する選択肢が少ないことというデメリットがある。

双方の契約形態が法律上認められ，家主及び借家人の双方にそれぞれのメリット，デメリットがある以上，当事者がその利害得失を判断し，ニーズに適した賃貸借形態を自由に選択することとなる。

3　なお，既に1988年の法改正によって定期借家制度を導入しているイギリスでは，1989年以降の新規契約から正当事由を必要とする契約と定期借家契約とが選択可能となっているが，両者は併存している状況にある。

4　定期借家権と契約慣行

(1)　入退去・再契約

> 問17　定期借家契約と普通借家契約はどう違うのか。

答　定期借家契約と普通借家契約は，次頁の表のような相違がある。

> 問18　書面を交付して説明したか否かが争いになることはありうるか。

答　家主が説明義務を履行してか否かが争いになることも想定し得る。家主の対応としては，説明の際に交付した書面を引き換えに借家人から受け取った書面の受領書などを裁判所に提出できる準備をしておく必要がある。

借家人から受け取る受領書としては，①定期借家契約の締結に先立ち，契約の更新がないこと及び期間の満了により賃貸借が終了することについて書面の交付を受けたうえでの説明を受けたこと，並びに②説明の内容を了解したことが明記されていることに加えて，日付及び氏名については，

第3章　定期借家権に関するQ&A

	契約方法	契約期間	正当事由	家賃改定ルール
定期借家契約 契約期間満了により確定的に契約が終了する（契約更新はない）。	書面 ※「定期借家」（契約更新がない）旨を明記 ※書面を交付したうえでの事前説明を要する。	自由 ※期間満了により確定に契約終了 ※1年以上の契約では，期間満了前に期間満了により賃貸借が終了することの通知義務が家主に課される。	────	家賃改定に係る特約がある場合第32条の適用除外を明文化
普通借家契約 更新拒絶や解約申入れに当たっては正当事由が必要である（契約更新が可能）。	口頭，書面	・1年未満は期間の定めのない契約とみなされる。 ※今回の改正により，期間の上限は撤廃された*。	必要	────

＊　今回の改正によって，建物賃貸借全般について民法第604条の適用除外とされたため，普通借家契約についても20年超の契約が可能となった。

借家人本人に自ら記入させるようにしておくことが望ましい。

問19　定期借家契約で契約期間が満了したら，借家人はどうなるか。

答1　定期借家契約は，基本的には，当事者の合意に基づき契約で定めた期間の満了により，契約の更新がなく終了する契約である。したがって，期間の満了に当たって家主と借家人との間で再契約の合意ができなければ，期間の満了によって，借家人は退去しなければならないことになる。

2　しかしながら，家主にとって実績のある借家人は歓迎すべきお客様であり，新たな借家人を探す手間も省けるため，再契約を締結して，引き続き住み続けることを希望する場合が通常ではないかと考えられる。特に近年のように市場家賃が停滞した局面では，家賃値下げなど条件妥協をしてでも再契約を望む家主も少なくないと考えられる。

3　現に，米英の居住用定期借家については，慣例上契約期間はほとんどが1年であるが，実際上定期借家権の存続期間は家賃改定期間の意味を持つにすぎず，家賃つり上げのために追い出されるなどの事例の報告は

第3章　定期借家権に関するQ&A

聞かれない。賃貸住宅にせよ，賃貸ビルにせよ，経営者の最大の関心事は，借家人を確保し続けることであって，家賃をきちんと払い，丁寧に借家を利用し，周囲にも迷惑をかけないような者に退去を求める理由はないと考えられる。

（参考）　空き家としている持家の家主の約6割は，定期借家契約の場合，家賃の引下げなど「契約条件を妥協してでも再契約」を望んでいる（㈶日本住宅総合センター・㈱アーバンハウジング「「空き家」所有者の意識に関する調査」1998年1月実施）。

問20　定期借家契約において，普通借家契約の更新料に相当する再契約にあたっての「再契約料」はどうなるか。

答 1　普通借家契約においては，契約の更新をするにあたって，家主から，いわゆる「更新料」という金銭の支払いを求められる場合があるが，更新料についての法律上の定めはない。

2　普通借家では，正当事由制度による解約制限や家賃抑制によって，借家経営の期待収益に係る不確実は著しく大きい。期間の定めのある契約でも，法定更新制度（現行法第26条）によって更新前の契約と同一の条件で期間の定めがない契約になるなどのリスクもある。いわゆる更新料は，立退き料の支払いに備えるなど一種のリスク・プレミアムが含まれていると考えられる。

3　定期借家では，普通借家が持つ不確実性がなくなり，適正な家賃収入が期待できるため，リスク・プレミアム的な性格を持つ再契約料等の一時金の授受はなくなる方向に向かうことが予想される。

4　実際の契約に当たっては，契約期間が長期に及ぶ場合等は当事者間で家賃改定のルール，中途解約に関する事項等事後的にトラブルの火種とならないよう，適切な特約を締結する必要があると考えられる。

これに対応するため，標準契約書等によって注意喚起を行い，新制度

の周知，普及・啓発等に努めることが求められる。
5 また，今後，市場の活性化を図る上で，迅速かつ手軽に適正な家賃水準等の市場情報が得られるような情報提供サービスの充実等を検討することが適切であると考えられる。

問21 定期借家制度の導入により，不当な家賃値上げ，一時金の請求等は増えないか。

答1 定期借家権の場合，契約期間，収益見通し等の不確実性がなくなることから，市場実態に応じた家賃収入を得ることが可能になり，良質な賃貸住宅の供給拡大，家賃水準の低下，家賃の前払い，契約期間等が不確実であることによるリスク・プレミアム的な礼金，権利金等返却されない一時金の授受の必要性がなくなるなどの方向に向かうことが期待される。
2 なお，透明かつ公正な市場が構築される結果，市場実態とかけ離れた利益の獲得を意図する家主の借家については，市場において借家人が選択することはなくなると考えられる。
　また，今日の賃貸住宅市場は，家主が希望する賃貸条件を一方的に借家人に対し主張して契約が成立するような状況ではない。

問22 定期借家制度の導入により，家主による入居者制限等はどうなるか。

答1 普通借家しかない旧法の制度の下では，高齢者世帯，身体障害者世帯，母子世帯，多子世帯等は，新たな借家への入居を希望しても，所得上昇期待も小さく，居住期間も長くなるという意味で，家主にとって危険な借家人の類型となり，そもそもの入居段階から断られるという入居者差別が存在していた。

第3章 定期借家権に関するQ&A

　　また，規模の大きい良質なファミリー向け借家には，社宅・法人貸し限定などの要件が付されているケースが多かった。
　　定期借家制度の導入により，家主も安定した家賃収入が期待できるようになるため，こうした入居者差別及び入居者限定は解消される方向に向かい，あらゆる者が新規に借家に入居する門戸が開かれると予想される。
2　アンケート調査でも，定期借家権によって，「入居条件（審査基準や法人限定）が従来型の借家よりも緩和される」という回答が行われている。
　　また，高齢者向け賃貸住宅経営者の約6割が「貸しやすくなる」と答えている*。

＊　㈳住宅生産団体連合『定期借家権の導入に関するアンケート調査報告』(1998年)

問23 定期借家の契約期間は何年程になると予想されるのか。

答　定期借家の契約期間は，当事者が自由に定めるものである。したがって，実際上も，当事者のニーズに応じて数か月程度の短期間のものから20年を超える長期間のものまで様々なものが考えられる。
　例えば，家主には，①夏期休暇等長期の旅行中の空室利用，②長期出張，短期の別勤務，赴任中等の空室利用，③持家の買い換え時に，購入物件入居後，売却物件の売り時待ちのための空き家利用等の貸家供給の動機がある。
　また，借家人にも，①長期出張や短期別勤務の居住ニーズ，②持家購入に際しての居住環境調査や社宅入居等順番待ちのための一時的居住ニーズ等の様々な期間の借家需要の動機がある。さらに長期の建物賃貸借としても，例えば，店舗，オフィス等で借家人が構造，内装，設備等の仕様に特殊なニーズを有し，家主が相当の初期投資負担をしたうえで建物を賃貸する場合には，改正法第38条第7項による家賃改定特約を定めたうえで20年を超える長期の賃貸借契約を締結する場合が考えられる。居住用建物に

関しては，床面積200㎡以上の建物であれば，家賃改定特約を前提として長期間借り続けるかわりに家賃総額を大幅ディスカウントするという，借家人にとってもメリットがあり，家主にとっても空室リスクを避けることができるという双方の当事者にとって利益となる長期契約が締結されることが考えられる。しかしながら，床面積200㎡未満の住宅については，改正法第38条第5項によって借家人による中途解約権に係る強行規定が設けられたため，このような長期契約が成立する余地は小さくなったという指摘もあり，市場における推移を見守る必要がある。

> **問24** 期間満了の通知は口頭で行ってよいか。
> またこの通知を，借家人本人ではなく同居人に対して行ってもよいか。

答1 改正法第38条第4項においては，当該通知を行う方法については規定されていないことから，口頭による通知も有効である。

一方，当該通知は借家人に対し行うこととされていることから，同居人に対して通知を行っても，これは無効である。

2 なお，口頭による期間満了の通知は，後日これを行ったか否かが争いとなったとき，家主がそれを立証することは困難である。このため，このような紛争を未然に防止するためには，確定期日付の配達証明郵便によって行うか，または，借家人から期間満了の通知を受けた旨の日付入り文書を受領する（例えば返信葉書に回答欄を付した往復葉書で通知を行って返信を受領する，直接に面談して受取りの文書を貰う等）ことが適当であると考えられる。

> **問25** 家主が借家人に対し期間の満了により賃貸借が終了する旨の通知（終了通知）をしなかった場合において，期間の満了までの間に，家主と借家人が，同一の建物について，期間の満了日の翌日

第3章　定期借家権に関するQ＆A

> を始期とする賃貸借契約（再契約）を締結することは可能か。
> 　また，終了の通知が行われないまま，期間の満了後再契約を締結することがどうか。

答1　再契約は，家主及び借家人双方の合意により，従前の契約と同一の建物について，新たな賃貸借契約を締結するものである。一方，従前の賃貸借の終了通知が行われていない状態においては，本法律第38条第4項に基づき家主は借家人に対し賃貸借の終了を対抗できないこととなるが，当事者が再契約を締結しようとしているにもかかわらず，これを妨げる合理的な理由はないと考えられる。

　また，再契約が終了し，家主が更なる再契約はしない旨を借家人に申し入れた場合に，借家人が再契約を締結しているにもかかわらず，従前の契約に関する終了の通知が行われていないことをもって，再契約の期間は満了しても従前の契約に基づく終了の通知を改めて行い6か月を経過しないと家主が従前の契約に基づく賃貸借の終了を対抗できないとすることにも，合理性はないと考えられる。

2　したがって，設問のいずれの場合においても，再契約の締結は可能であり，少なくとも再契約における期間の始期前までには従前の契約は終了していると解するのが合理的であると考えられる。

3　その法律構成については，例えば，家主が終了通知をしていないことにより期間の満了後も借家人が対抗できる従前の契約について，家主と借家人は再契約を締結することを条件に期間の満了日において合意解約してこれを終了させ，再契約を締結したものであるとすることが考えられる。

　一般的に契約の終了原因としては様々なものがある。定期借家契約終了原因についても，①債務不履行による法定解除権の行使による終了，②契約期間の満了（家主による終了通知）による終了，③建物の滅失による終了，④当事者の合意による解除（合意解約）などがあるが，前記の

考え方が可能となるのは、借地借家法第38条第4項がこのうちの②について一定の対抗要件（家主による終了通知）を定めたものであり、例示の①、③、④などについてまでの規制をしているものではないからである。再契約を締結した当事者の契約意思を合理的に解釈すれば、従前の契約を例示の④を原因として終了させた上、再契約を締結したものと解釈するのが相当である。

　この考え方によれば、従前の契約は、期間の満了日の翌日を始期とする再契約を締結した場合は期間の満了日をもって終了し、期間の満了日後の日を始期とする再契約を締結した場合はその日の前日をもって終了することとなる。

4　また、例示の②の終了通知は対抗要件であるから、借家人から従前の契約が終了していることを認めることは差し支えないのであり、この場合も、当事者の合意による解除ではなく、借家人が再契約を締結することを条件として従前の契約が終了していることを認め、その上で再契約を締結したものとする考え方もあり得る。

問26　家賃改定特約は、具体的にはどのように定められるか。

答1　例えば、アメリカでは、現実に、広く土地の評価額、経済指標等を活用して家賃改定特約が定められており、これらに関するトラブルは聞こえてこない。現在、日本でも実務上はさまざまな算定方式が活用されており、裁判上有効でさえあるならば、このような特約に対するニーズは家主及び借家人の双方に広範に存在する。

2　具体的には、当事者の双方が契約関係の安定化のため長期契約を締結する場合には、市場家賃に連動した家賃改定を望むのが一般的と考えられる。現在、日本では標準的な借家の市場家賃に関する公示制度は存在しないため、（建築後年数の経過に伴う一定の減価は別途考慮する場合も含めて）市場家賃の代理指標として、次の指標に連動させた家賃改定特約を

採用することが想定される。

① 地価公示・都道府県地価調査による地価（例えば同一用途，同一市内の公示地価平均値等）
② 相続税路線価（例えば当該建物の接面道路の路線価等）
③ 固定資産税・都市計画税評価額
④ 消費者物価指数

このうち，地価公示・都道府県地価調査による地価が入手は容易であるが，調査地点数が少なく，近傍にサンプルが得られない場合もあり，②，③によって代替することなどが考えられる。

問27 定期借家契約に当たり，仲介業者の役割及び責任はどうなるか。

答1 定期借家契約の仲介を行うに際しては，宅地建物取引業者が定期借家契約である旨やその内容を当事者双方に書面を交付して説明するよう，所要の措置を講ずるべきであると考える。

2 また，立退きや再契約に際しては，契約期間満了の1年前から6か月前までの事前通知が遅延なく適切に借家人に行われるよう努めることが求められる。

3 さらに，立退きや再契約の交渉が円滑に進むよう家主と借家人の間に立って，転居先や再契約条件などについて十分調整を図ることが期待される。

（参考） 賃貸住宅の仲介にあたって仲介業者には，現行において，宅地建物取引業法第35条（重要事項の説明等）により，賃貸借の当事者等への「重要事項説明」が課されている。同法第47条及び第47条の2では，仲介業者が重要な事項について，故意に告げない又は不実を告げること等が禁止されている。こうした義務を怠った場合，仲介業者は，同法第65条の規定（指示及び業務の停止）に基づく1年以内の業務停止命令（行政罰）などの対象となり得る。

（2） **定期借地権との関係**

第3章　定期借家権に関するQ&A

> 問28　定期借家権と定期借地権の相違点は何か。定期借地上の建物につき定期借家契約をすることは可能か。

答1　定期借家権は「建物」に関する賃貸借で、今回の改正により創設されたものである。一方、定期借地権は「土地」に関する賃貸借であり、1991年改正で創設されたものである。
　2　このように「定期借家権」は「建物」、「定期借地権」は「土地」に関する賃貸借であり、定期借地上に借地人が建てた建物を定期借家契約で第三者に賃貸することは可能である。例えば、賃貸住宅やビルの供給に当たって、その底地について「定期借地権」を用いて安く手当てし、建物については「定期借家権」を用い、効率的な事業を計画することが考えられる。
　3　また、入居者にとっても、供給における効率化の恩恵としてより安い賃料の物件を得たり、同じ家賃でより質の高い住宅サービスを得ることができる可能性も期待し得るものと考えられる。

	賃貸借の対象	契約期間	
定期借家権	建物	一切制限なし	
定期借地権	土地	定期借地権	50年以上
		事業用定期借地権	10年以上20年以下
		建築譲渡特約付借地権	30年以上

(3)　そ　の　他

> 問29　定期借家契約に基づく賃借権の第三者に対する対抗要件とは何か。

第3章　定期借家権に関するQ&A

答　建物賃貸借に関する一般的な対抗要件は，賃借権登記又は建物の引渡しである。定期借家契約に基づく賃借権の第三者への対抗要件も，これと同様である。

問30　一時使用目的の建物賃貸借（現行法第40条）と定期借家権との関係はどのようなものか。

答1　一時使用目的の建物賃貸借は，主としてウィークリー・マンション，貸し別荘等週ぎめ，月ぎめ等の一時的な短期使用のケースにおいて適用されている。
　2　基本的には，定期借家権においても，1年未満という短い契約期間も可能であるが，書面による契約であることを要しないこと等手続面における簡便性等を考慮し，今回の改正においても，一時使用目的の建物賃貸借は現行のまま残すこととされている。

問31　借家人の死亡を期限とする定期借家契約は可能か。

答　借家人の死亡は不確定期限であり，また，現行の借家制度の下では，借家権は財産権として相続対象となるため，死亡を期限とする定期借家契約はできない。

5　定期借家制度導入の経緯と論議

問32　先に国会に提出されていた「借地借家法の一部を改正する法律案」と，本法律との関係をどのように評価するか。

答1　「借地借家法の一部を改正する法律案」は，1998年6月に国会提出さ

れていたが，これはいわゆる定期借家制度の導入のみを目的とした法律案であった。しかしながら，定期借家制度の導入の目的である国民のニーズに応じた良質な賃貸住宅等の供給を促進し賃貸住宅市場を活性化させるためには，定期借家制度の導入と併せ，市場において自力で必要なサービスを確保できない者に対するセーフティネットを充実する必要があるという方向性があり，公共賃貸住宅の供給の促進等の規定を併せて盛り込んだ法案が国会に提出され，本法律が成立したという経緯をたどったと考えている。

2 定期借家制度導入は，新規契約に限り，普通借家と併存するオプションとして定期借家を認めるものであるため，それに伴う固有の住宅困窮者を新たに発生させるものではない。

　この前提の下，定期借家制度導入と併せて公共賃貸住宅の供給を促進することとされたことは，第1に，住宅困窮者対策それ自体を施策として一層充実させる必要があること，第2に，民間賃貸住宅市場が活性化すれば，一般勤労世帯の住居費負担が低減し，低所得者等住宅困窮者に特化した公共賃貸住宅政策の可能性が高まるほか，民間賃貸住宅市場の需給緩和を背景として，買い取り，借り上げ等公共賃貸住宅の供給方式も多様化できることなど，国民のより豊かな住生活を実現するうえで高い意義を有するものと評価することができる。

問33 定期借家制度の導入目的が，良質な賃貸住宅の建設促進であるのならば，制度の適用対象を新築住宅に限定すべきという議論もあると思うが，このような措置が設けられなかった理由は何か。

答1 定期借家制度の導入目的は，良質な賃貸住宅の新規建設の促進にのみあるわけではない。良質な持家ストックが賃貸住宅として供給されることも併せて期待される。

2　仮に，新築住宅のみに定期借家制度の適用を限定した場合，空き家と

第3章 定期借家権に関するQ&A

なっている中古住宅が賃貸住宅市場に出回りにくくなること等,定期借家制度の導入効果が減殺される。このため,適用対象を新築住宅に限定する制約は設けられなかったと考えられる。

> 問34 居住の安定を確保するためにも,定期借家権の適用対象はある程度長期契約に限定すべきという議論もあると思うが,このような措置が設けられなかった理由は何か。

答1　定期借家制度が導入された場合,長期の契約によるもののみではなく短期の契約による貸家供給及び借家需要が顕在化すると想定される。長期の契約に限定した場合,これら短期の契約による取引をすべて抑制することとなるが,当事者双方が望む取引を規制する合理性はない。

2　また,長期契約に限定した場合,例えば,長期の継続居住を意図しながらも便宜的に2年程度の短期の賃貸借契約を締結し,期間の満了ごとにその時点における経済情勢等を勘案して家賃等の条件変更を行ったうえで再契約を行うという契約形態を選択する余地がなくなり,家主及び借家人ともに契約時点において長期間の契約期間中の市場家賃の推移等を予測し,契約期間中に借家人が転居する場合の措置をも併せて定めた上契約を締結する必要が生じること等契約に要する費用を高めるおそれがある。

　特に,このことは,情報収集,将来予測等を行う能力が家主に比べ低い借家人に大きな不利益をもたらすこととなる。

3　また,短期間ならば安く供給する借家についても強制的に一定の長期間の契約をさせることは,短期間の需要者に対して高いコストを強いる可能性がある。

4　さらに,当該一定期間以上の長期契約の賃貸住宅供給のみが増大し,それ未満の供給が減少するといった新たな市場の歪みが発生し,定期借家制度の導入の効果が損なわれるおそれがある。

5 このため，契約期間による定期借家権の適用対象制限は設けられなかった。

> 問35 定期借家制度の導入に当たり，適用対象を一定の床面積以上の借家に限定すべきという論議もあると思うが，このような措置が講じられなかった理由は何か。

答1 確かに，正当事由制度による供給制限効果は，規模の大きな借家ほど強く働いていると考えられる。しかし，この供給制限効果は，その大小は別として，規模の小さいものから大きなものまですべての借家に働いているわけであるから，定期借家制度の導入により，小規模のものから大規模のものまで借家の供給が増え，それによって家賃及び礼金，権利金等の一時金が低下し，借家人が利益を受けることとなる。

　したがって，定期借家権の適用範囲を，一定の床面積以上の大規模な借家に限定すれば，その効果はその分だけ確実に小さくなると考えられる。

2 むしろ，現在はワンルーム等小規模借家が比較的潤沢に供給されている状況にあるが，このような小規模借家を必要とする単身高齢者，母子家庭等も多い。これらの者が，新規に借家に入居しようとしても，旧法の下では，入居を断られる場合が多いという入居者差別の問題が生じていた。定期借家権の適用範囲を一定の床面積以上の大規模な居住用建物に限定すれば，このように小規模借家を必要とする者に対して定期借家のメリットを享受することを妨げることとなり，その利益を損なうことになる。

3 このため，定期借家権の適用対象に関して，一定床面積以上という規模制限は設けられなかった。

> 問36 借家供給の阻害現象は，特に大都市やその周辺部の地域で生じ

第3章 定期借家権に関するQ&A

> ているものであるため，定期借家権の適用地域を限定すべきという議論もあると思うが，このような措置が講じられなかったのは何故か。

答1 確かに，正当事由制度による借家の供給阻害という弊害は，大都市地域等ほど大きいと考えられる。しかし，このような弊害は，その程度の大小は別として，地方都市や過疎山村でも生じている。地域の限定なく定期借家制度が導入されれば，大都市でも，地方都市でも，過疎山村でも借家の供給が増え，生活の豊かさ増大に貢献すると考えられる。定期借家権の適用範囲を，地域によって限定すれば，その効果は，その分だけ確実に小さくなる。

2 なお，地方の過疎地域等においては，都市部で就労・居住しながら，定年後は生まれた地に戻って生活したいとする世帯の空き家が多く残されている。

　その一方で，若年定住施策の一環として，公共による宅地分譲や公営住宅の供給がなされている。地域を限定することなく定期借家制度が導入されれば，これら空き家を活用した期間限定付の借家供給という若年定住施策の推進も可能となるので，地方の過疎山村等の地域振興にも資すると考えられる。

3 このため，定期借家制度導入に際して適用地域を限定する措置は講じられなかった。

6 定期借家権と住宅政策

> 問37 定期借家制度の導入に当たり，居住の安定性についてどう配慮しているのか。

第3章　定期借家権に関するQ&A

答1　定期借家契約は，期間の満了により契約の更新がなく終了するものであるが，契約に当たり，契約期間は当事者の自由意思に基づき決められることから，借家人は契約時に退去時期を予見できる。

　また，借家人が仮に契約終了時期を失念していた場合でも，家主は期間の満了の6か月前に事前通知を行わなければ契約の終了を対抗できない（期間の満了の6か月前より後に通知を行った場合はその通知の日後6か月間は契約の終了を対抗できない。）旨規定されていることから，突然退去しなければならない事態は発生せず，この間に自助努力により新たな居住先を探すことが可能である。

2　さらに，定期借家制度導入後も，普通借家は併存しており，借家人は自らの住宅ニーズに応じ，市場において2つの制度を選択することができる。

3　したがって，定期借家制度導入によっても，借家人の居住の安定性は十分に担保されている。

4　なお，最低居住水準を満たす住宅に入居することが困難な低所得者等の住宅に困窮する者に対しては，良質な公共賃貸住宅の供給の促進等セーフティーネットの構築を一層進めていくことが適切と考えられる。

問38　定期借家制度の導入によって，新たな住宅困窮者が発生することはないのか。

答　定期借家制度の導入によって，新たな住宅困窮者が発生することはないと考えられる。

　第1に，定期借家契約の借家人は，新規に契約を結ぶに当たって，契約期間の満了後退去せざるを得ない場合があることを承知したうえで，普通借家に比較し低額の家賃，一時金というメリットを得るため，新たに入居した者である。

　第2に，定期借家契約の場合での借家人は，市場家賃を支払い続けてい

第3章　定期借家権に関するQ＆A

る者である。仮に，契約期間満了後に退去することとなったとしても，同一地域内に継続居住したいのであれば，近傍の同種，同等の借家に入居することは，定期借家制度導入に伴い借家供給が促進されることも勘案すれば，少なくとも旧法下よりもこれは容易となると考えられる。

　第3に，定期借家契約においては，借家人に退去を求める場合のみならず再契約する場合でも，確定的に契約を終了させるためには，少なくともその1年前から6か月前までに，契約が終了する旨を家主が借家人に通知しなければならない。したがって，家主の意向が借家人の退去か再契約か不明なまま推移し，突然退去を求められることはないと考えられる。

　第4に，定期借家契約だからといって，つねに家主が，期間終了後の退去を求めるわけではない。家主にとって，自己使用や建替えの必要性等，特段の事情がない限り，最大の関心事は，継続的な借家人の確保である。このため，定期借家契約が終了しても，市場家賃収入が約束され，空室リスクがない再契約を家主が希望する蓋然性は高い。現に，定期借家権が導入されているアメリカの多くの都市やイギリスでは，契約期間1～制度年の定期借家契約が繰り返され，従前借家人が長期に居住継続するのが一般的である。

問39　公営住宅には，定期借家権を適用することは可能か。

答　公営住宅については，同法及びこれに基づく条例に特別の定めがない限り，原則として借地借家法が適用されることが判例上確立しているところである。しかしながら，公営住宅は，住宅に困窮する低額所得者のために賃貸する住宅であり，入居者が高額所得者となること等特段の事由がない限り，居住が継続することを前提として制度が成り立っていることから，事業主体は，入居者との間で期間の定めがない賃貸借契約を締結しており，定期借家契約にはなじまないものである。

(参考1) **正当事由制度について**

1 正当事由制度が導入された経緯について

(1) 正当事由制度は，第二次大戦中の物価統制の一環として1939年に導入された地代家賃統制令の実効性を担保するため，1941年の借地法及び借家法改正により導入されたものである。当時は，住宅不足で住宅価格が高騰する中で家賃が統制されていたため，家主による空き家や更地の売却，高額な権利金を徴しての利益確保，ヤミ契約による高額家賃の徴収などが横行し，借家人の追い出しが増えてトラブルも急増するという弊害が生じた。そこで，こうした弊害の除去のために，住宅や土地の価格統制を導入するとともに，借地法及び借家法が改正され，不当な追い出しを防止するために「正当事由」制度が導入された。

当初は，自らや家族の居住，老朽化による建替えは無条件に正当事由であり，立退料も一切不要だった。ところが，戦後むしろ経済成長の下で住宅事情が好転するにつれてかえって正当事由制度は強化されていった。

2 1966年，家賃増減額請求の規定などについて一部改正が行われ，1986年には地代家賃統制令が廃止されたが，正当事由はその後現在に至るまで存続し，1991年改正では，定期借地権の創設のほか，正当事由の判断基準に家主と借家人の事情を比較衡量し，更に立退き料の支払いを正当事由の判断要素とすることが明記された。

3 なお，欧米においては金銭を提供することによって居住用の建物を明渡すよう裁判所が命じることはないのが一般的である。

2 判例による正当事由の解釈の変遷

(1) 1941年の借地法及び借家法改正による正当事由制度導入時の政府答弁においては，次のような例が説明されている。

① 「正当事由に該当する」とされた例

第3章 定期借家権に関するQ&A

- 自ら使用することを必要とする場合
- 賃料不払いのある場合（ex. 催告があれば支払うがその後も滞納するような場合）
- 土地の賃貸借において賃貸人の同意を得ないで土地の現状を甚だしく変更する場合（ex. 普通建物の土地の賃貸借であるのに，地下を掘り下げて堅固な建物の建築準備をするような場合）
- 賃借人が賃貸人の同意を得ないで建物の現状を甚だしく変更する場合（ex. 建物を損壊する場合又は無断で建増しや改造をする場合）
- 賃借人が賃貸人の同意を得ないで土地又は建物の転貸をし，又は賃借権を譲渡した場合
- 賃借人が破産の宣告を受けた場合

② 「大体において正当事由に該当する」とされた例
- 土地又は建物を自分の家族又は親族に使用させるために必要な場合
- 家族が増加して分かれて住む必要があるような場合
- 建物の保存上移転改築を必要とする場合
- 借地借家の条件の違反がある場合

(2) その後，判例によって，導入当初の「正当事由」の解釈が次のように大きく異なってきた。

- 当事者双方の利害関係その他諸般の事情を考慮し，社会通念に照らして妥当と認むべき理由をいう[*1]。
- 賃貸人が自ら使用することを必要とするとの一事をもって，直ちに「正当事由」に該当するものと解することはできない[*2]。
- 家屋賃貸人において借財返済のため賃貸家屋を高価に売却する必要があるが，他方借家人が理髪業であって他に適当な移転先がない等原判決認定のような事情がある場合において，賃貸人が移転料を支払うという申出と同時に解約の申入れをし，かつ移転料と引換えに明渡しを求める申立てをしたときは，それをもって「正当事由」を具備したと判断し，移転料と引換えに明渡しを命ずる判決をしても違法ではない[*3]。

　　＊1　最判1950・6・16民集4巻6号227頁
　　＊2　最判1954・1・22民集8巻1号207頁
　　＊3　最判1963・3・1民集17巻3号290頁

第3章　定期借家権に関するQ＆A

（参考2）　　　　欧米の借家制度

1　英国においては，従来，家賃規制及び解約制限が行われてきたが，1988年の法改正により，1989年以降の新規契約から定期借家制度（AST：短期保証型）が導入され，現在では家主と借家人との自由な賃貸借が基本となっている。

2　米国においては，州によって制度が異なるが，大部分の都市において契約自由の原則に基づき家主と借家人との自由な賃貸借が基本となっており，原則として，正当事由による解約制限及び継続家賃抑制はなく，定期借家制度が定着している。

　なお，ニューヨーク市等ごく一部の大都市においては家賃規制の名残りが見られるが，近時，これらの規制は廃止や緩和の方向にある。例えば，マサチューセッツ州においては，住民投票により，1996年にボストン市等による家賃規制が全面撤廃された。

3　一方，フランス及びドイツにおいては，英米のように期間満了により確定的に賃貸借契約が終了するという完全な定期借家制度は導入されていないが，更新拒絶の事由は明確に列挙されており，日本のように更新拒絶に際し家主及び借家人の事情を比較衡量して総合的に正当事由を判断し，また，これを補完する財産上の給付が必要となるといった，要件が不明確で厳しい解約制限はない（例外的にドイツでは，不確定期限の契約で借家人に過酷な場合に限り，更新請求が可能である。）。

4　なお，欧米においては，金銭を支払うことによって居住用の建物の明渡しを裁判所が命じることはないのが一般的である。

（参考3）　　　敷金，権利金，礼金など一時金の実態

1　「敷金」は，家賃支払いほかの賃貸借契約上での債務の担保（デポジット）としての性格があり，契約終了時に借家人に対して債務不履行がな

第3章 定期借家権に関するQ＆A

ければ全額返還し，債務不履行があればその弁済に充当されるものである。敷金の徴収額は，地域による取引慣行などによって，額は一定ではない。

2 その他，一時金には，慣行上で次のようなものがある。
① 「権利金」：契約終了に当たって，借家人に返還されない金銭。
② 「保証金」：地域によっては，敷金に同じか，または敷金と権利金を併せたもの。
③ 「礼　金」：契約終了に当たって，借家人に返還されない金銭。

(参考) 建設省「民間賃貸住宅契約実態調査」(1993年3月) から
- 徴収する一時金
  「敷金」86.1％，「礼金」44.2％，「保証金」13.6％，「権利金」2.2％，「その他」1.6％〈複数回答〉
- 一時金の平均額（対月額家賃，単位：ヵ月）

	計	敷金	保証金	礼金	権利金	(参考)更新料
全国	3.9	3.1	4.3	1.4	0.5	0.8
関東圏	2.9	2.0	1.1	1.2	0.2	0.8
関西圏	5.7	5.8	6.1	2.3	1.6	1.3
その他	2.8	2.5	2.3	1.1	0.1	0.2

- 小規模マンションの入居一時金

山手環状線内	4.1	南大阪方面	6.9
２３区内	3.7	東大阪方面	7.6
東京市部	3.2	京阪方面	8.0
神奈川方面	3.3	京都方面	6.7
埼玉方面	3.1	名古屋市内	4.1
千葉方面	3.2	札幌市内	2.0
大阪市内	7.3	仙台市内	3.0
北摂方面	9.1	広島市内	3.3
阪神方面	8.6	福岡・北九州市内	4.4
神戸市以西	8.9		

(注) 小規模マンション（45～55㎡，耐火構造共同住宅）
(資料) 労務研究所『旬刊福利厚生』(1997年)

第4章 定期賃貸住宅標準契約書（建設省作成）

定期賃貸住宅標準契約書について

　定期借家制度の創設に際し，賃貸借当事者間の紛争を未然に防止し，健全で合理的な賃貸借関係を確立することにより，借家人の居住の安定と賃貸住宅の経営の安定を図るため，内容が明確かつ合理的な賃貸借契約書の雛形として，「定期賃貸住宅標準契約書」を作成した。

（本標準契約書は，「定期賃貸住宅標準契約書検討委員会」（座長：玉田弘毅清和大学教授。学識経験者，弁護士，不動産関係団体，消費者関係団体等で構成）を設置し，現行の賃貸住宅標準契約書をもとに，法律上明確化すべき事項等を勘案の上，検討・作成した。）

○標準契約書のポイント
- 契約書に契約が「期間の満了により終了し，更新しない」旨を明記し，定期借家契約であることを規定した。
- 再契約できることを明記し，再契約した場合の契約関係を整理した。
（原状回復債務の内容，敷金の生産等）。
- 賃料改定について，公租公課の増減等に応じた協議による改定を規定した。
〔あわせて「借賃の改定に係る特約」（契約期間中は賃料改定しない方式，一定の算定式により改定する方式）も選択できるよう規定〕
- 賃借人からの中途解約権（1月前の解約の申入れによる解約）を規定した。
〔あわせて法38条第5項に規定する解約事由に限定することも選択できるよう規定〕

第4章　定期賃貸住宅標準契約書（建設省作成）

・礼金等の一時金（敷金を除く）は契約書上規定しないこととした。
・連帯保証人の債務の範囲の明確化等の規定を置いた。
・その他，定期賃貸住宅契約についての事前説明書等の雛形を作成した。

○標準契約書の周知，普及
・各都道府県・政令指定都市，関係団体あての通知により周知
・標準契約書のパンフレットの作成，配布（20万部予定）
・各都道府県・政令指定都市に対する説明会の開催（2月1日）
・賃貸住宅の経営，仲介，管理の団体等に対する説明会で周知（2月中）

「定期賃貸住宅標準契約書」及び
「定期賃貸住宅契約についての説明」

I　契　約　書
　　第1．定期賃貸住宅標準契約書
　　第2．記載要領
　　第3．定期賃貸住宅契約終了についての通知
　　第4．承諾書（例）
　　第5．定期賃貸住宅標準契約書コメント

II　説　明　書
　　第6．定期賃貸住宅契約についての説明

第4章 定期賃貸住宅標準契約書（建設省作成）

Ⅰ 契 約 書

第1. 定期賃貸住宅標準契約書

(1) 賃貸借の目的物

建物の名称・所在地等	名　称					
	所在地					
	建て方	共同建 長屋建 一戸建 その他	構造	木造 非木造		工事完了年
					階建	年 〔大修繕等を （　　　）年 　実　　　施〕
			戸数		戸	
住戸部分	住戸番号		号室	間取り	（　）LDK・DK・K／ワンルーム／	
	面　積		m²			
	設備等	トイレ 浴室 シャワー 給湯設備 ガスコンロ 冷暖房設備	専用（水洗・非水洗）・共用（水洗・非水洗） 有・無 有・無 有・無 有・無 有・無 有・無 有・無			
		使用可能電気容量 ガス 上水道 下水道	（　　　　　　）アンペア 有（都市ガス・プロパンガス）・無 水道本管より直結・受水槽・井戸水 有（公共下水道・浄化槽）・無			
附属施設		駐車場 自転車置場 物置 専用庭	含む・含まない 含む・含まない 含む・含まない 含む・含まない 含む・含まない 含む・含まない			

第4章　定期賃貸住宅標準契約書（建設省作成）

(2)　契約期間

始期	年　　月　　日から	年　　月間
終期	年　　月　　日まで	

（契約終了の通知をすべき期間　年　月　日から　年　月　日まで）

(3)　賃料等

賃料・共益費	支払期限	支払方法	
賃　料 　　　　円	当月分・翌月分を 毎月　　　　日まで	振込 又は 持参	振込先金融機関名： 預金：普通・当座 口座番号： 口座名義人： 持参先：
共益費 　　　　円	当月分・翌月分を 毎月　　　　日まで		
敷　金	賃料　　か月相当分 　　　　円		
附属施設使用料			
そ　の　他			

(4)　貸主及び管理人

貸　主 （社名・代表者）	住所　〒 氏名　　　　　　　電話番号
管　理　人 （社名・代表者）	住所　〒 氏名　　　　　　　電話番号

※貸主と建物の所有者が異なる場合は，次の欄も記載すること。

建物の所有者	住所　〒 氏名　　　　　　　電話番号

(5)　借主及び同居人

	借　　主	同　居　人
氏　　名		合計　　　人
緊急時の連絡先	住所　〒 氏名	電話番号　　借主との関係

第4章 定期賃貸住宅標準契約書（建設省作成）

（契約の締結）
第1条　貸主（以下「甲」という。）及び借主（以下「乙」という。）は，頭書(1)に記載する賃貸借の目的物（以下「本物件」という。）について，以下の条項により借地借家法（以下「法」という。）第38条に規定する定期建物賃貸借契約（以下「本契約」という。）を締結した。

（契約期間）
第2条　契約期間は，頭書(2)に記載するとおりとする。
2　本契約は，前項に規定する期間の満了により終了し，更新がない。ただし，甲及び乙は，協議の上，本契約の期間の満了の日の翌日を始期とする新たな賃貸借契約（以下「再契約」という。）をすることができる。
3　甲は，第1項に規定する期間の満了の1年前から6月前までの間（以下「通知期間」という。）に乙に対し，期間の満了により賃貸借が終了する旨を書面によって通知するものとする。
4　甲は，前項に規定する通知をしなければ，賃貸借の終了を乙に主張することができず，乙は，第1項に規定する期間の満了後においても，本物件を引き続き賃借することができる。ただし，甲が通知期間の経過後乙に対し期間の満了により賃貸借が終了する旨の通知をした場合においては，その通知の日から6月を経過した日に賃貸借は終了する。

（使用目的）
第3条　乙は，居住のみを目的として本物件を使用しなければならない。

（賃　料）
第4条　乙は，頭書(3)の記載に従い，賃料を甲に支払わなければならない。
2　1か月に満たない期間の賃料は，1か月を30日として日割計算した額とする。
3　甲及び乙は，次の各号の一に該当する場合には，協議の上，賃料を改定

第4章 定期賃貸住宅標準契約書（建設省作成）

することができる。
一　土地又は建物に対する租税その他の負担の増減により賃料が不相当となった場合
二　土地又は建物の価格の上昇又は低下その他の経済事情により賃料が不相当となった場合
三　近傍同種の建物の賃料に比較して賃料が不相当となった場合

（共益費）
第5条　乙は，階段，廊下等の共用部分の維持管理に必要な光熱費，上下水道使用料，清掃費等（以下この条において「維持管理費」という。）に充てるため，共益費を甲に支払うものとする。
2　前項の共益費は，頭書(3)の記載に従い，支払わなければならない。
3　1か月に満たない期間の共益費は，1か月を30日として日割計算した額とする。
4　甲及び乙は，維持管理費の増減により共益費が不相当となったときは，協議の上，共益費を改定することができる。

（敷　金）
第6条　乙は，本契約から生じる債務の担保として，頭書(3)に記載する敷金を甲に預け入れるものとする。
2　乙は，本物件を明け渡すまでの間，敷金をもって賃料，共益費その他の債務と相殺をすることができない。
3　甲は，本物件の明渡しがあったときは，遅滞なく，敷金の全額を無利息で乙に返還しなければならない。ただし，甲は，本物件の明渡し時に，賃料の滞納，原状回復に要する費用の未払いその他の本契約から生じる乙の債務の不履行が存在する場合には，当該債務の額を敷金から差し引くことができる。
4　前項ただし書の場合には，甲は，敷金から差し引く債務の額の内訳を乙

に明示しなければならない。

(禁止又は制限される行為)
第7条　乙は，甲の書面による承諾を得ることなく，本物件の全部又は一部につき，賃借権を譲渡し，又は転貸してはならない。
2　乙は，甲の書面による承諾を得ることなく，本物件の増築，改築，移転，改造若しくは模様替又は本物件の敷地内における工作物の設置を行ってはならない。
3　乙は，本物件の使用に当たり，別表第1に掲げる行為を行ってはならない。
4　乙は，本物件の使用に当たり，甲の書面による承諾を得ることなく，別表第2に掲げる行為を行ってはならない。
5　乙は，本物件の使用に当たり，別表第3に掲げる行為を行う場合には，甲に通知しなければならない。

(修　繕)
第8条　甲は，別表第4に掲げる修繕を除き，乙が本物件を使用するために必要な修繕を行わなければならない。この場合において，乙の故意又は過失により必要となった修繕に要する費用は，乙が負担しなければならない。
2　前項の規定に基づき甲が修繕を行う場合は，甲は，あらかじめ，その旨を乙に通知しなければならない。この場合において，乙は，正当な理由がある場合を除き，当該修繕の実施を拒否することができない。
3　乙は，甲の承諾を得ることなく，別表第4に掲げる修繕を自らの負担において行うことができる。

(契約の解除)
第9条　甲は，乙が次に掲げる義務に違反した場合において，甲が相当の期間を定めて当該義務の履行を催告したにもかかわらず，その期間内に当該

第4章　定期賃貸住宅標準契約書（建設省作成）

義務が履行されないときは，本契約を解除することができる。
　一　第4条第1項に規定する賃料支払義務
　二　第5条第2項に規定する共益費支払義務
　三　前条第1項後段に規定する費用負担義務
2　甲は，乙が次に掲げる義務に違反した場合において，当該義務違反により本契約を継続することが困難であると認められるに至ったときは，本契約を解除することができる。
　一　第3条に規定する本物件の使用目的遵守義務
　二　第7条各項に規定する義務
　三　その他本契約書に規定する乙の義務

（乙からの解約）
第10条　乙は，甲に対して少なくとも1月前に解約の申入れを行うことにより，本契約を解約することができる。
2　前項の規定にかかわらず，乙は，解約申入れの日から1月分の賃料（本契約の解約後の賃料相当額を含む。）を甲に支払うことにより，解約申入れの日から起算して1月を経過する日までの間，随時に本契約を解約することができる。

（明渡し）
第11条　乙は，本契約が終了する日（甲が第2条第3項に規定する通知をしなかった場合においては，同条第4項ただし書きに規定する通知をした日から6月を経過した日）までに（第9条の規定に基づき本契約が解除された場合にあっては，直ちに），本物件を明け渡さなければならない。この場合において，乙は，通常の使用に伴い生じた本物件の損耗を除き，本物件を原状回復しなければならない。
2　乙は，前項前段の明渡しをするときには，明渡し日を事前に甲に通知しなければならない。

3　甲及び乙は，第1項後段の規定に基づき乙が行う原状回復の内容及び方法について協議するものとする。

（立入り）
第12条　甲は，本物件の防火，本物件の構造の保全その他の本物件の管理上特に必要があるときは，あらかじめ乙の承諾を得て，本物件内に立ち入ることができる。
2　乙は，正当な理由がある場合を除き，前項の規定に基づく甲の立入りを拒否することはできない。
3　本契約終了後において本物件を賃借しようとする者又は本物件を譲り受けようとする者が下見をするときは，甲及び下見をする者は，あらかじめ乙の承諾を得て，本物件内に立ち入ることができる。
4　甲は，火災による延焼を防止する必要がある場合その他の緊急の必要がある場合においては，あらかじめ乙の承諾を得ることなく，本物件内に立ち入ることができる。この場合において，甲は，乙の不在時に立ち入ったときは，立入り後その旨を乙に通知しなければならない。

（連帯保証人）
第13条　連帯保証人は，乙と連帯して，本契約から生じる乙の債務（甲が第2条第3項に規定する通知をしなかった場合においては，同条第1項に規定する期間内のものに限る。）を負担するものとする。

（再契約）
第14条　甲は，再契約の意向があるときは，第2条第3項に規定する通知の書面に，その旨を付記するものとする。
2　再契約をした場合は，第11条の規定は適用しない。ただし，本契約における原状回復の債務の履行については，再契約に係る賃貸借が終了する日までに行うこととし，敷金の返還については，明渡しがあったものとし

第4章　定期賃貸住宅標準契約書（建設省作成）

て第6条第3項に規定するところによる。

（協　議）
第15条　甲及び乙は，本契約書に定めがない事項及び本契約書の条項の解釈について疑義が生じた場合は，民法その他の法令及び慣行に従い，誠意をもって協議し，解決するものとする。

（特約条項）
第16条　本契約の特約については，下記のとおりとする。

第4章　定期賃貸住宅標準契約書（建設省作成）

別表第1　（第7条第3項関係）

一　銃砲，刀剣類又は爆発性，発火性を有する危険な物品等を製造又は保管すること。
二　大型の金庫その他の重量の大きな物品等を搬入し，又は備え付けること。
三　排水管を腐食させるおそれのある液体を流すこと。
四　大音量でテレビ，ステレオ等の操作，ピアノ等の演奏を行うこと。
五　猛獣，毒蛇等の明らかに近隣に迷惑をかける動物を飼育すること。

別表第2　（第7条第4項関係）

一　階段，廊下等の共用部分に物品を置くこと。
二　階段，廊下等の共用部分に看板，ポスター等の広告物を掲示すること。
三　鑑賞用の小鳥，魚等であって明らかに近隣に迷惑をかけるおそれのない動物以外の犬，猫等の動物（別表第1第五号に掲げる動物を除く。）を飼育すること。

別表第3　（第7条第5項関係）

一　頭書(5)に記載する同居人に新たな同居人を追加（出生を除く。）すること。
二　1か月以上継続して本物件を留守にすること。

別表第4　（第8条関係）

畳表の取替え，裏返し	ヒューズの取替え
障子紙の張替え	給水栓の取替え
ふすま紙の張替え	排水栓の取替え
電球，蛍光灯の取替え	その他費用が軽微な修繕

第4章　定期賃貸住宅標準契約書（建設省作成）

　　下記貸主（甲）と借主（乙）は，本物件について上記のとおり賃貸借契約を締結したことを証するため，本契約書2通を作成し，記名押印の上，各自その1通を保有する。

　　　　　　　年　　　月　　　日

貸　主（甲）住所
　　　　　　氏名　　　　　　　　　　　　　　　　　　印

借　主（乙）住所
　　　　　　氏名　　　　　　　　　　　　　　　　　　印

連帯保証人　住所
　　　　　　氏名　　　　　　　　　　　　　　　　　　印

媒介　　　免許証番号〔　　　〕知事・建設大臣（　　）第　　　号
　業者
代理　　　事務所所在地

　　　　　商　号　（名称）

　　　　　　代表者氏名　　　　　　　　　　印

　　　　　　宅地建物取引主任者　登録番号〔　　〕知事第　　　号
　　　　　　　　　　　　　氏　名　　　　　　　　　印

第2. 記載要領

〔頭書関係〕

以下の事項に注意して記入してください。なお，該当する事項のない欄には「──」を記入してください。

(1) 関　係

① 「名称」──建物の名称（○○マンション，○○荘など）を記入してください。
② 「所在地」──住居表示を記入してください。
③ 「建て方」──該当するものに○をつけてください。

〔用語の説明〕

　　イ　共同建……1棟の中に2戸以上の住宅があり廊下・階段等を共用しているものや，2戸以上の住宅を重ねて建てたもの。階下が商店で，2階以上に2戸以上の住宅がある，いわゆる「げたばき住宅」も含まれます。
　　ロ　長屋建……2戸以上の住宅を1棟に建て連ねたもので，各住宅が壁を共通にし，それぞれ別々に外部への出入口を有しているもの。いわゆる「テラスハウス」も含まれます。
　　ハ　一戸建……1つの建物が1住宅であるもの
　　ニ　その他……イ〜ハのどれにも当てはまらないもので，例えば，工場や事業所の一部が住宅となっているような場合をいいます。

④ 「構造」──木造，非木造の該当する方に○をつけ，建物の階数（住戸が何階にあるかではなく，建物自体が何階建てか。）を記入してください。

〔用語の説明〕

　　イ　木造　……主要構造部（壁，柱，床，はり，屋根又は階段をいう。）が木造のもの

第4章　定期賃貸住宅標準契約書（建設省作成）

　　ロ　非木造……木造以外のもの
⑤　「戸数」──建物内にある住戸の数を記入してください。
⑥　「工事完了年」──（記載例）

　　　　　昭和60年建築，　　　　　　昭和60年
　　　　　大修繕等の工事は未実施→　　［大修繕等を
　　　　　　　　　　　　　　　　　　　（────）年
　　　　　　　　　　　　　　　　　　　　実　　施　］

　　　　　　　　　　　　　　　　　　　昭和60年
　　　　　昭和60年建築，平成11年に　　［大修繕等を
　　　　　大修繕等の工事を実施→　　　（平成11）年
　　　　　　　　　　　　　　　　　　　　実　　施　］

⑦　「間取り」──（記載例）3DK→(3)LDK・DK・K／ワンルーム／
　　　　　　　ワンルーム→(　)LDK・DK・K／ワンルーム／
　　　　　　　2LDKS→(2)LDK・DK・K／ワンルーム／
　　　　　　　　　　　　　　　　　　　　サービスルーム有り

〔用語の説明〕
　　イ　K………台所
　　ロ　DK……1つの部屋が食事室と台所とを兼ねているもの
　　ハ　LDK…1つの部屋が居間と食事室と台所を兼ねているもの

⑧　「面積」──バルコニーを除いた専用部分の面積を記入してください。
　　　　　　　バルコニーがある場合には，次の記載例のようにカッコを
　　　　　　　設けてその中にバルコニー面積を記入してください。
　　　　　　（記載例）バルコニーを除いた専用面積　50㎡
　　　　　　　　　　　バルコニーの面積　10㎡
　　　　　　　　　→　50㎡（それ以外に，バルコニー10㎡）
⑨　「設備等」──各設備などの選択肢の該当するものに○をつけ，特に書

いておくべき事項（設備の性能，損耗状況など）があれば右の空欄に記入してください。

「使用可能電気容量」の数字をカッコの中に記入してください。選択肢を設けていない設備などで書いておくことが適当なもの（例：照明器具，電話）があれば，「冷暖房設備」の下の余白を利用してください。

⑩ 「附属施設」——各附属施設につき，本契約の対象となっている場合は「含む」に〇をつけ，本契約の対象となっていない場合は「含まない」に〇をつけてください。また，特に書いておくべき事項（施設の概要，庭の利用可能面積など）があれば右の空欄に記入してください。

各附属施設につき，本契約とは別に契約をする場合には，選択肢の「含まない」に〇をつけ，右の空欄に「別途契約」と記入してください。

選択肢を設けていない附属施設で書いておくことが適当なものがあれば，「専用庭」の下の余白を利用してください。

(2) 関　係
① 「始期」——契約を締結する日と入居が可能となる日とが異なる場合には，入居が可能となる日を記入してください。
② 「契約終了の通知をすべき期間」——「終期」の1年前から6月前までの間を記入してください。

契約期間が1年未満の契約については，記入は不要です。

(3) 関　係
① 「支払期限」——当月分・翌月分の該当する方に〇をつけてください。
② 「支払方法」——振込又は自動口座振替の場合は，貸主側の振込先金融機関名等を記入してください。

第4章　定期賃貸住宅標準契約書（建設省作成）

　　　　　　　　　　　「預金」の欄の普通預金・当座預金の該当する方に〇
　　　　　　　　　　　をつけてください。
　　③　「附属施設使用料」──賃料とは別に附属施設の使用料を徴収する場合
　　　　　　　　　　　は，この欄にその施設の名称，使用料額などを
　　　　　　　　　　　記入してください。
　　④　「その他」──「賃料」，「共益費」，「敷金」，「附属施設使用料」の欄に
　　　　　　　　　　　記入する金銭以外の金銭の授受を行う場合（例：専用部
　　　　　　　　　　　分の光熱費を貸主が徴収して一括して事業者に支払う場合）
　　　　　　　　　　　は，この欄にその内容，金額などを記入してください。
　(5)　関　　係
　　①　「同居人」──同居する人の氏名と人数を記入してください。
　　②　「緊急時の連絡先」──勤務先，親戚の住所など，貸主や管理人が緊急
　　　　　　　　　　　時に借主に連絡を取れるところを記入してくだ
　　　　　　　　　　　さい。

〔第2条（契約期間）関係〕
　契約期間が1年未満の契約については，第3項及び第4項は不要であるため，削除して下さい。削除する場合には，削除する部分を二重線等で抹消し，その上に甲と乙とが押印してください。

〔第4条（賃料）関係〕
　法第38条第7項に基づき「借賃の改定に係る特約」を定める場合は，第3項を変更してください。変更する場合は，第3項を二重線等で抹消して次のような内容を記載し，その上に甲と乙とが押印してください。
（記載例）
【契約期間内に賃料改定を予定していない場合】
　甲及び乙は，賃料の改定は行わないこととし，法第32条の適用はないものとする。

【契約期間内に賃料改定を予定している場合】
　賃料は，○年毎に，以下に掲げる算定式により改定し，法第32条の適用はないものとする。
　　（算定式）（例）・改定賃料＝旧賃料×変動率

〔第7条（禁止又は制限される行為）関係〕
　甲が第5項に規定する通知の受領を管理人に委託しているときは，第5項の「甲に通知しなければならない。」を「甲又は管理人に通知しなければならない。」又は「管理人に通知しなければならない。」に変更することとなります。
　別表第1，別表第2及び別表第3は，個別事情に応じて，適宜，変更，追加及び削除をすることができます。
　変更する場合には，変更する部分を二重線等で抹消して新たな文言を記載し，その上に甲と乙とが押印してください。
　追加する場合には，既に記入されている例示事項の下の空欄に記入し，追加した項目ごとに，記載の上に甲と乙とが押印してください。
　削除する場合には，削除する部分を二重線等で抹消し，その上に甲と乙とが押印してください。
　一戸建の賃貸借に係る契約においては，別表第2第一号と第二号は，一般的に削除することとなります。
　同居人に親族以外が加わる場合を承諾事項とするときには，別表第3第一号を「頭書(5)に記載する同居人に乙の親族を追加（出生を除く。）すること。」に変更し，別表第2に「頭書(5)に記載する同居人に乙の親族以外の者を追加（出生を除く。）すること。」を追加することとなります。

〔第10条（乙からの解約）関係〕
　乙からの解約につき別の定めをする場合は，本条を変更してください。変更する場合は，本条第1項及び第2項を二重線等で抹消して次のような内容

第4章　定期賃貸住宅標準契約書（建設省作成）

を記載し，その上に甲と乙とが押印してください。

（記載例）

　乙は，転勤，療養，親族の介護その他のやむを得ない事情により，本物件を自己の生活の本拠として使用することが困難となったときは，甲に対して本契約の解約の申入れをすることができる。この場合においては，本契約は，解約の申入れの日から1月を経過することによって終了する。

　＊この場合，併せて，賃借人の保護のために，賃借人の転貸等の制限について以下のように緩和する規定を置く（第7条第1項の次に次の条項を追加）ことが考えられます。

（記載例）

　甲は，乙による前項の承諾の申請があった場合は，正当な理由がない限り，承諾をしなければならない。

〔第16条（特約条項）関係〕

　空欄に特約として定める事項を記入し，項目ごとに，記載の上に甲と乙とが押印してください。

　主要な特約条項として，次の事項を挙げることができます。

　① 賃料の増減額にスライドさせて敷金などを増減額させる場合，その内容

（記載例）

1　頭書(3)に記載する敷金の額は，第4条第3項に基づき賃料が改定された場合には，当該敷金の額に，改定後の賃料の改定前の賃料に対する割合を乗じて得た額に改めるものとする。

2　前項の場合において，敷金の額が増加するときは，乙は，改定後の敷金の額と改定前の敷金の額との差額を甲に支払わなければならない。

3　第1項の場合において，敷金の額が減少するときは，甲は，改定後の敷金の額と改定前の敷金の額との差額を乙に返還しなければならない。

※本規定により敷金の額が変更された場合には，頭書(3)に記入してある敷

金の額を書き換えたうえ，その上に甲と乙とが押印する必要があります。
② 営業目的の併用使用を認める場合，その手続き
（記載例1）
・第3条の規定にかかわらず，乙は，近隣に迷惑を及ぼさず，かつ，本物件の構造に支障を及ぼさない範囲内であれば，本物件を居住目的に使用しつつ，併せて〇〇〇，〇〇〇等の営業目的に使用することができる。
2　乙は，本物件を〇〇〇，〇〇〇等の人の出入りを伴う営業目的に使用する場合は，あらかじめ，次に掲げる事項を書面により甲に通知しなければならない。
　一　営業の内容
　二　営業目的に使用する日及び時間帯
　三　営業目的の使用に伴い本物件に出入りする人数
3　乙は，第1項に基づき本物件を営業目的に使用する場合は，常時，近隣に迷惑を及ぼさず，かつ，本物件の構造に支障を及ぼさないように本物件を使用しなければならない。
（記載例2）
1　第3条の規定にかかわらず，乙は，甲の書面による承諾を得て，本物件を居住目的に使用しつつ，併せて営業目的に使用することができる。
③　駐車場，自転車置場，庭などがある場合，その使用方法など
④　契約期間満了後の乙の不法な居住の継続に対し違約金を課す場合，その内容
⑤　甲が本物件を第三者に譲渡しようとする場合には，乙が本物件を購入する等により居住の安定を図ることができるよう，売却情報を乙に優先的に提供することとする場合，その内容

第4章 定期賃貸住宅標準契約書（建設省作成）

第3. 定期賃貸住宅契約終了についての通知

(借地借家法第38条第4項，定期賃貸住宅標準契約書第2条第3項関係)

〇年〇月〇日

定期賃貸住宅契約終了についての通知

(賃借人) 住所
　　　　　氏名　〇〇　〇〇　殿

　　　　　　　　　　　　(賃貸人) 住所
　　　　　　　　　　　　　　　　 氏名　〇〇　〇〇　印

　私が賃貸している下記住宅については，平成〇年〇月〇日に期間の満了により賃貸借が終了します。
　［なお，本物件については，期間の満了の日の翌日を始期とする新たな賃貸借契約（再契約）を締結する意向があることを申し添えます。］

記

(1)住　宅

名　称	
所在地	
住戸番号	

(2)契約期間

始期	年	月	日から	年
終期	年	月	日まで	月間

(注) 1　再契約の意向がある場合には，［　］書きを記載してください。
　　 2　(1)及び(2)の欄は，それぞれ頭書(1)及び(2)を参考にして記載してください。

第4章　定期賃貸住宅標準契約書（建設省作成）

第4．承諾書（例）

(1) 賃借権譲渡承諾書（例）（第7条第1項関係）

　　　　　　　　　　　　　　　　　　　　　　　　　○年○月○日

　　　　　　　　賃借権譲渡の承諾についてのお願い

（賃貸人）住所
　　　　　氏名　○○　○○　殿
　　　　　　　　　　　　　　　（賃借人）住所
　　　　　　　　　　　　　　　　　　　　氏名　○○　○○　印

　私が賃借している下記(1)の住宅の賃借権の $\left\{\begin{array}{l}全部\\一部\end{array}\right\}$ を下記(2)の者に譲渡したいので承諾願います。

　　　　　　　　　　　　　　　記

(1)住　宅	名　　称	
	所 在 地	
	住戸番号	
(2)譲受人	住　　所	
	氏　　名	

- -

　　　　　　　　　　　　承　諾　書

上記について承諾いたします。
　　（なお，　　　　　　　　　　　　　　　　　　　　　　　　　　）

　　　　　　　　○年○月○日
　　　　　　　　　　　　　　　（賃貸人）住所
　　　　　　　　　　　　　　　　　　　　氏名　○○　○○　印

（注）1　賃借人は，本承諾書の点線から上の部分を記載し，賃貸人に2通提出してください。賃貸人は，承諾する場合には本承諾書の点線から下の部分を記載し，1通を賃借人に返還し，1通を保管してください。
　　　2　「全部」又は「一部」の該当する方に○を付けてください。
　　　3　(1)の欄は，契約書頭書(1)を参考にして記載してください。
　　　4　一部譲渡の場合は，譲渡部分を明確にするため，図面等を添付する必要があります。
　　　5　承諾に当たっての確認事項等があれば，「なお，」の後に記載してください。

第4章　定期賃貸住宅標準契約書（建設省作成）

(2)　転貸承諾書（例）（第7条第1項関係）

〇年〇月〇日

転貸の承諾についてのお願い

（賃貸人）住所
　　　　　氏名　〇〇　〇〇　殿

　　　　　　　　　　（賃借人）住所
　　　　　　　　　　　　　　　氏名　〇〇　〇〇　印

　私が賃借している下記(1)の住宅の $\left\{\begin{array}{l}全部\\一部\end{array}\right\}$ を，下記(2)の者に転貸したいので承諾願います。

記

(1)住宅	名　　称	
	所 在 地	
	住戸番号	
(2)転借人	住　　所	
	氏　　名	

- -

承　諾　書

上記について承諾いたします。
　（なお，　　　　　　　　　　　　　　　　　　　　　　　　　　）

　　　　　　〇年〇月〇日
　　　　　　　　　　　（賃貸人）住所
　　　　　　　　　　　　　　　　氏名　〇〇　〇〇　印

（注）1　賃借人は，本承諾書の点線から上の部分を記載し，賃貸人に2通提出してください。賃貸人は，承諾する場合には本承諾書の点線から下の部分を記載し，1通を賃借人に返還し，1通を保管してください。
　　　2　「全部」又は「一部」の該当する方に〇を付けてください。
　　　3　(1)の欄は，契約書頭書(1)を参考にして記載してください。
　　　4　一部転貸の場合は，転貸部分を明確にするため，図面等を添付する必要があります。
　　　5　承諾に当たっての確認事項等があれば，「なお，」の後に記載してください。

(3) 増改築等承諾書（例）（第7条第2項関係）

〇年〇月〇日

増改築等の承諾についてのお願い

（賃貸人）住所
　　　　　氏名　〇〇　〇〇　殿

（賃借人）住所
　　　　　氏名　〇〇　〇〇　印

　私が賃借している下記(1)の住宅の増改築等を，下記(2)のとおり行いたいので承諾願います。

記

(1)住宅	名　　称	
	所在地	
	住戸番号	
(2)増改築等の概要	別紙のとおり	

- -

承　諾　書

上記について承諾いたします。
　（なお，　　　　　　　　　　　　　　　　　　　　　　　　　）

〇年〇月〇日
（賃貸人）住所
　　　　　氏名　〇〇　〇〇　印

（注）1　賃借人は，本承諾書の点線から上の部分を記載し，賃貸人に2通提出してください。賃貸人は，承諾する場合には本承諾書の点線から下の部分を記載し，1通を賃借人に返還し，1通を保管してください。
　　　2　「増改築等」とは，契約書第7条2項に規定する「増築，改築，移転，改造若しくは模様替又は本物件の敷地内における工作物の設置」をいいます。
　　　3　(1)の欄は，契約書頭書(1)を参考にして記載してください。
　　　4　増改築等の概要を示した別紙を添付する必要があります。
　　　5　承諾に当たっての確認事項等があれば，「なお，」の後に記載してください。

第4章 定期賃貸住宅標準契約書(建設省作成)

(4) 契約書別表第2に掲げる行為の実施承諾書(例)(第7条第4項関係)

〇年〇月〇日

契約書別表第2に掲げる行為の実施の承諾についてのお願い

(賃貸人) 住所
　　　　 氏名　〇〇　〇〇　殿

　　　　　　　　　　　　(賃借人) 住所
　　　　　　　　　　　　　　　　 氏名　〇〇　〇〇　印

　私が賃借している下記(1)の住宅において,契約書別表第2第〇号に当たる下記(2)の行為を行いたいので,承諾願います。

記

(1)住　宅	名　　称	
	所　在　地	
	住戸番号	
(2)行為の内容		

- -

承　諾　書

上記について承諾いたします。
　　(なお,　　　　　　　　　　　　　　　　　　　　　　　　　　　)

　　　　　　　　〇年〇月〇日

　　　　　　　　　　　　(賃貸人) 住所
　　　　　　　　　　　　　　　　 氏名　〇〇　〇〇　印

(注) 1　賃借人は,本承諾書の点線から上の部分を記載し,賃貸人に2通提出してください。賃貸人は,承諾する場合には本承諾書の点線から下の部分を記載し,1通を賃借人に返還し,1通を保管してください。
　　 2　「第〇号」の〇には,別表第2の該当する号を記載してください。
　　 3　(1)の欄は,契約書頭書(1)を参照にして記載してください。
　　 4　(2)の欄には,行為の内容を具体的に記載してください。
　　 5　承諾に当たっての確認事項等があれば,「なお,」の後に記載してください。

第5. 定期賃貸住宅標準契約書コメント

　定期賃貸住宅標準契約書コメントは，本標準契約書の性格，内容を明らかにする等により，本標準契約書が実際に利用される場合の的確な指針となることをねらいとして作成したものである。

全 般 関 係

① 　定期賃貸住宅標準契約書は，借地借家法（以下「法」という。）第38条に規定する定期建物賃貸借による民間住宅の賃貸契約書の標準的な雛形として作成されたものであり，その使用が望まれるところであるが，使用を強制するものではなく，使用するか否かは契約当事者の自由である。また，使用する場合も，当事者の合意により，本標準契約書をそのまま使用してもよいし，合理的な範囲で必要に応じて修正を加えて使用してもよい。なお，本標準契約書は，建て方，構造等を問わず，居住を目的とする民間賃貸住宅一般（社宅を除く。）を対象としている。

② 　定期賃貸住宅契約は，地域慣行，物件の構造や管理の多様性等により，個々具体的なケースで契約内容が異なりうるものである。全国を適用範囲とする契約書の雛形としての本標準契約書は，定期賃貸住宅契約において最低限定めなければならないと考えられる事項について，合理的な内容を持たせるべく規定したものである。したがって，より具体的かつ詳細な契約関係を規定するため，特約による補充がされるケースもあると想定されることから，本標準契約書は，第16条において特約条項の欄を設けている。

③ 　なお，本標準契約書については，定期賃貸住宅契約の普及状況等を踏まえ，必要な見直しを行うものである。

頭 書 部 分

　礼金等の一時金（敷金を除く。）については，定期賃貸住宅契約には一般的

第4章 定期賃貸住宅標準契約書（建設省作成）

になじまないため，それを記載する欄については設けていない。

第2条（契約期間）関係

① 法第38条第1項において定期建物賃貸借の要件として「契約の更新がないこと」を書面によって契約することが規定されていることから，その旨を契約書に明記する必要がある。

② 定期賃貸住宅契約は，その性格上，期間の満了により正当事由の有無にかかわらず契約の更新がなく，契約が終了するものであることから，当事者間の合意によっても定期賃貸住宅契約を更新することはできない。更に，契約の終了後賃借人が本物件の占有を継続し，賃貸人が異議を述べないような場合でも，民法第619条の「黙示の更新」の規定の適用はない。

③ 定期賃貸住宅契約は，契約期間の満了で確定的に終了するが，当事者間で賃貸借関係を継続させることも少なからず生じることと考えられるため，その場合，当事者間で新たな賃貸借契約（再契約）を締結することができる旨を記するとともに，再契約の際の賃貸借契約の関係について第14条において規定している。なお，再契約は定期賃貸住宅契約に限らず，従来型の賃貸住宅契約でも差し支えない。

④ 定期賃貸住宅契約は契約期間の満了とともに終了するが，賃貸人が第3項（法第38条第4項）に基づく通知をしなかった場合においては，当初の定期賃貸住宅契約と同一の条件（ただし期間については賃貸人の通知後6月を経過した日に終了する）による賃貸借契約が継続しているものと扱われる。したがって，賃貸人は本物件を賃借人に使用収益させる義務を負うとともに，賃借人は家賃の支払い等の義務を負うこととなる。なお，賃借人が賃貸借契約を継続する意思がない場合は，特段の手続きを経ることなく当該契約を終了させることができる。

⑤ 第3項の通知は，当該通知を通知期間内に行ったことが明らかになるよう，内容証明郵便等の方法によって行うことが望ましい。

第4条（賃料）関係

① 第3項による当事者間の協議による賃料の改定の規定は，賃料の改定について当事者間の信義に基づき，できる限り訴訟によらず当事者双方の意向を反映した結論に達することを目的としたものであるが，法第32条の適用を排除するものではない（すなわち本項は法第38条第7項の「借賃の改定に係る特約」に該当しない）。

② 「借賃の改定に係る特約」を定める場合は，本条に関する記載要領を参考に，第3項に替えて記載するものとする。

第10条（乙からの解約）関係

① 法第38条第5項においては，一定の住宅について，転勤，療養，親族の介護その他のやむを得ない事情により賃借人が建物を自己の生活の本拠として使用することが困難なときに，賃借人による中途解約を法律上認めているが，本項では民法第618条（解約権の留保に関する規定）及び法38条第6項（賃借人に不利でない特約は有効とされている）の趣旨に基づき，当事者間の合意による賃借人の中途解約を認めたものであり，法律上認められた上記事情がある場合はもちろん，上記事情の有無にかかわらず賃借人による中途解約を認めたものである。

② 長期の契約を前提に賃料の割引をする場合等で本項に比べ賃借人の解約権を限定する場合等は，本条に関する記載要領を参考に，本条に替えて記載するものとする。

第13条（連帯保証人）関係

① 連帯保証人が賃借人と連帯して負担すべき債務は，原則として本契約の期間内に生じる賃借人の債務であるが，本契約の期間が満了した後に賃借人が不法に居住を継続した場合における賃料相当額，損害賠償金等の賃借人の債務についても対象となるものである。他方，賃貸人が第2

第4章 定期賃貸住宅標準契約書（建設省作成）

条第3項の通知を怠った結果，本契約の期間が満了した後も賃借人が居住を継続することによって生じる債務については，賃貸人の原因で生じた債務まで連帯保証人に追加的に負担させることは適当でないため，連帯保証人の保証債務の対象としていない。
② 再契約する場合においては，本契約は確定的に終了することから，新たな連帯保証契約の締結が必要となる。

第14条（再契約）関係

① 第2条第3項の通知をする場合において，賃貸人に再契約の意向がある場合においては，当該賃貸人の再契約の意向を賃借人に伝えることが，当事者間の合理的な賃貸借関係の形成に資することから，第1項の規定を置いている。
② 再契約をした場合においては，居住が継続することを考えると，本契約が終了するとしても明渡し義務・原状回復義務を履行させることは適当ではないため，第11条の規定を適用しないこととしている。
③ ただし，原状回復義務については，再契約が終了した場合（更に再契約をする場合は最終的に賃貸借契約が終了する場合）に，本契約における（更に再契約をする場合は当初の契約からの）原状回復の債務も併せて履行すべきものであることから，その旨を規定した。
　なお，再契約においては，例えば第11条の規定を以下のようにすることにより，上記趣旨を担保する必要がある。

> 第11条　乙は，本契約が終了する日（甲が第2条第3項に定める通知をしなかった場合においては，同条第4項ただし書きに規定する通知をした日から6月を経過した日）までに（第9条の規定に基づき本契約が解除された場合にあっては，直ちに），本物件を明け渡さなければならない。この場合において，乙は，通常の使用に伴い生じた本物件の損耗を除き，〇年〇月〇日付けの定期賃貸住宅契約に基づく原状回復の債務の履行と併せ，本物件を原状回復しなければなら

第4章 定期賃貸住宅標準契約書（建設省作成）

　　　ない。
④　他方，敷金の返還については，再契約をした場合においても，（例えば賃料等の不払いがある場合にその時点で清算する等）本契約終了時に返還・清算をするとする取扱いで不合理ではないと考えられることから，その旨を規定している。なお，実際の運用においては，清算後の敷金について，再契約による敷金に充当する等の取扱いをすることも考えられる。

第4章 定期賃貸住宅標準契約書（建設省作成）

II 説明書

第6. 定期賃貸住宅契約についての説明

(借地借家法第38条第2項関係)

○年○月○日

定期賃貸住宅契約についての説明

　　　　　　　　　　　貸　主(甲)　住所
　　　　　　　　　　　　　　　　　氏名　○○　○○　印
　　　　　　　　　代理人　　住所
　　　　　　　　　　　　　　　氏名　○○　○○　印

　下記住宅について定期建物賃貸借契約を締結するに当たり，借地借家法第38条第2項に基き，次のとおり説明します。

　下記住宅の賃貸借契約は，更新がなく，期間の満了により賃貸借は終了しますので，期間の満了の日の翌日を始期とする新たな賃貸借契約（再契約）を締結する場合を除き，期間の満了の日までに，下記住宅を明け渡さなければなりません。

　　　　　　　　　　　　　記

(1)住　宅	名　　称			
	所 在 地			
	住戸番号			
(2)契約期間	始期	年　月　日から	年　月間	
	終期	年　月　日まで		

　上記住宅につきまして，借地借家法第38条第2項に基づく説明を受けました。

　　　　　○年○月○日
　　　　　　　　　　　　借　主(乙)　住所
　　　　　　　　　　　　　　　　　氏名　○○　○○　印

第5章　定期借家権に係る不動産鑑定評価および税制

I　定期借家権に係る不動産鑑定評価

　借家権に係る鑑定評価として,「借家権」そのものの鑑定評価と借家権のついている建物, すなわち,「貸家及びその敷地」の鑑定評価とがある。借家権については, つねにその価格が生ずるものでなく, 契約等により譲渡性のある場合または契約中の立退などの場合に例外的に生ずる。これに対し, 貸家については, その価格はつねに賃貸借条件に制約されたものとして形成されている。

　定期借家権についても, その基本的な関係は, 普通借家権の場合と同様である。しかし, 定期借家権の場合には,

1)　賃貸借期間が契約により確定している(注)。
2)　賃料が契約により確定している。

ことが, 普通借家権の場合と異なり, これにより, 鑑定評価にあたっての差異が生じる。

　　(注)　民法では, 賃貸借の存続期間は20年を超えることはできないと規定しているが(民法第604条), 今回の借地借家法改正によってこの規定は建物の賃貸借には適用しないこととされたため(改正法第29条第2項), どのように長期の建物賃貸借の期間を契約で設定することも可能となった。なお, 居住用の建物(生活の本拠として使用している店舗併用住宅も含む)で, その床面積が200㎡未満のものについては, 借主の転勤, 療養, 親族の介護などのやむを得ない事情によって, 自己の生活の本拠として使用することが困難となった場合には, 借主からの1か月前の申し入れによって中途解約することができるので(改正法第38条第5項), このような建物の賃貸借については, 期間の不確定性がともなう。

　本稿では, 普通借家権, また, 普通借家権のついている貸家及びその敷地の鑑定評価と対比しながら, 定期借家権及び定期借家権のついている貸家及

びその敷地の鑑定評価について解説する。

1　借家権価格の成り立ち

借家権価格が生じる場合として，次のものがあげられる。

(1) 譲渡性のある借家権

これは，契約または慣行により譲渡性を与えられている場合である。

① 多額の権利金との関連で契約当初の賃料が低く設定されている場合

契約により借家権の譲渡が認められているもので，一般には，契約にあたって多額の権利金が授受されて，これとの関連で，賃料が低目に設定されている場合，譲受人が，従前の契約条件を承継し，市場の賃料相場より低い賃料で借りられることの借り得部分（利益）に対して，譲渡人に譲渡の対価（権利金）を支払うことで借家権の価格が生じるものである。また，前借家人からの譲渡にあたり，貸主に多額の承諾料を支払うことで，この権利を得ることもある。また明確な契約によらず，慣行によりこの権利の生じていることもある。これらの例は，飲食店舗等に多くみられる。

定期借家権の場合も，同様の事由で，借家権価格が発生することがある。

② 賃料が市場相場より低くなっている場合

契約当初の賃料が市場相場並みである場合においても，普通借家権については借地借家法の賃料増減の制約があるため，市場の賃料相場が上昇しているときには，実際の支払賃料が市場賃料より低くなっていることが多い。この場合に従前と同一の賃貸借条件（賃料）を承継できれば，その差額（借り得部分）に着目して，その対価（権利金）を支払って借家権の譲渡を受けることにより，借家権価格が生じる。

定期借家権についてはこの賃料増減の制約を受けないため，その賃料が契約により市場の水準を維持していれば，このような借り得部分は発生せず，一般的には借家権価格は発生しない。しかし長期契約による家賃据置きにより，また自動改定条項による場合にも当初の予想以上に市場の賃料相場が上

昇している場合には，実際支払賃料が市場賃料を下回ることになることがあり，この場合には借り得部分が発生し，これにより普通借家権の場合と同様にして借家権価格が生じる。

(2) 譲渡性のない借家権

賃貸借期間中に，貸主の都合により契約の解除を申し込まれた場合，その補償として，移転費用のほかに，契約の残存期間中に受けられたであろう利益の喪失に対する補償がなされることがある。

後者については，実際の支払賃料が市場賃料より低くなっていて，借り得部分が発生している場合には，その喪失期間に対応する補償となる。

基本的には，定期借家権についても同様である。

しかし，定期借家権の場合は，約定期間が満了すれば賃貸借関係は終了するので，その時点まで待てばこれらの補償をすることなく建物の明け渡しを受けることができるが，普通借家権の場合は約定期間が満了しても，更新の請求等により借家期間が延長できるため，つねにこの問題が生ずる。

定期借家権の場合も，契約期間満了前に解約し，明渡しを求めるときは，この補償が必要となる。

また，公共事業のための収用等に関連して，立退の必要が生じたときにも，補償の問題がおきる。

2 貸家及びその敷地の鑑定評価
(1) その鑑定評価の方式と性格

鑑定評価基準では，貸家及びその敷地の鑑定評価額は，

| 実際実質賃料に基づく純収益を還元して得た収益価格 |

を，標準とし，

| 積算価格 | と | 比準価格 |

を比較考量して決定するものとする。

第5章　定期借家権に係る不動産鑑定評価および税制

と規定している。

「自用の建物及びその敷地」の鑑定評価額について積算価格，比準価格及び収益価格を関連づけて決定するとしているのと対照的である。

自用の建物及びその敷地にあっては，その敷地を購入し建物を建築する費用を基にして算出される積算価格，これを市場で売買するときの価額を基にして算出される比準価格，これを賃貸することを想定して求められる収益価格との三者に同じウエイトをおいているのに対し，「貸家及びその敷地」については，実際の賃貸に基づき，その実際の賃料を基にして算出された収益価格を基本として，積算価格と比準価格とは参考的なウエイトにとどめている。

貸家が投資用物件として売買される場合には，買主は，その現状の賃貸借条件で賃貸を継続することを予定しており，この実際の賃貸借条件に基づいて算出される収益価格を前提として価額が決定されるからである。なお，買主が自用として使用することを予定している場合，また空室にして他に転売することを予定している場合には，自用の建物及びその敷地としての価額から借家人への立退料相当額等を控除した価額を前提とした価額で決定されるであろうから，この場合の鑑定評価は，貸家及びその敷地の鑑定評価というより，自用の建物及びその敷地の鑑定評価に近いものとなる。

貸家及びその敷地の鑑定評価において，積算価格が参考とされるのは，その上限価格を求めて参考とする意味合いが強い。鑑定評価の実務においては，試算価格の調整の段階で，この積算価格から借家権価格（立退料相当額等）を控除した価格と比較考量している。また，比準価格については，近隣地域または類似地域にある用途，規模，構造等の類似した賃貸用の建物の売買事例と比準して求めるが，賃貸借条件がほぼ同一の事例を求めることはかなり困難であり，参考的なものにならざるをえない。

第5章　定期借家権に係る不動産鑑定評価および税制

(2) 収益価格算出にあたっての普通借家と定期借家との差

収益価格は，その不動産が生み出す純収益の総和の現在価値（現価）であるが，その方法として，鑑定評価基準では，総収益から総費用を控除して純収益を算出し，還元利回りで還元して求めるとされている。

貸家及びその敷地の鑑定評価にあたっては，総収益は，実際に支払われている賃料に，保証金，敷金等の運用益，権利金等の運用益・償却額(注)，駐車場使用料等その他の収入を加えたものである。

> (注)　これらの一時金が買主に引き継がれない場合は，運用益・償却額は含めない。
> なお，保証金等の預金の返還債務が買主に引き継がれる場合には，鑑定評価額からこれらの債務を差し引いた金額を基として売買代金が決められている。

総費用については，維持管理費，公租公課，損害保険料等の諸経費等がある。建物の減価償却費については，還元利回りに償却後利回りを適用する場合には算入する。純収益の総和の現価を求める場合に，建物の経済的残存期間とするか，その後の建替えを繰り返すものとして永続的なものとするか，という二つの考え方がある。前者の場合には，その残存期間中の純収益の総和の現価に，建物の取壊後の土地（更地）の現価を加えることとなる。

さらに，現在の賃貸借契約期間中の純収益の総和の現価に，約定期間終了後の自用の建物及びその敷地の現価を加えるという手法もある。

次にこれらの手法ごとに，普通借家の場合と定期借家との場合を比較しながら，検討していくことにする。

なお，収益価格を求める手法として，建物等の減価償却後の純収益を還元する手法と，償却前の純収益を還元する手法とがある。従前の鑑定評価は前者によっていたが，最近では後者が主流となっている。しかし，前者の場合には，還元利回りは投資利回りによって求めているのに対し，後者の場合には，還元利回りに投資利回りの他に，建物等の投資回収率を織り込むので，かなり複雑となり，専門家でないと理解しずらいという面がある。本稿は，不動産鑑定士以外の実務家を対象に解説するものであり，また，普通借家権付貸家と定期借家権付貸家との比較であり，このほうが，比較も理解しやす

第5章　定期借家権に係る不動産鑑定評価および税制

いと考えたので,【償却後の純収益を還元する手法】で説明する（なお,不動産鑑定士の方は,償却前の純収益を還元する手法に組み直して読んでいただきたい。）。

また,減価償却の方法として,定額法,定率法また償還基金法等があるが,わかりやすいという意味で定額法によって説明している[*1]。

① 無期還元法による普通借家権付き貸家の収益価格

この手法は,建物の存続期間にわたって賃貸し,その後,同じ構造,規模,品質,用途等の建物を再建して賃貸し,これを永久に繰り返すという考え方に立っている。したがって,その再建資金にあてるための内部留保としての減価償却費を積み立てるので,償却後の純収益を無期還元して求めている[*2]。

次に,賃貸中のマンションを例として,これを単純化した説例で説明する（なお,収益,費用,還元率等は,説明用に設定したものである。以下同じ）。

建物の概要：

鉄筋コンクリート造共同住宅,延床面積 900 ㎡,賃貸面積 800 ㎡
（各戸 200 ㎡で4戸）

敷地面積　1,500 ㎡,土地の時価（積算価格）　400,000,000 円　　ⓐ

建物再調達原価　100,000,000 円

　　　　　内訳；本体　70,000,000 円　　設備部分　30,000,000 円

建築,賃貸後 15 年を経過,推定残存年数：本体 35 年,設備部分 5 年

減価修正後の積算価格；

　　本体　　　70,000,000 円× 35 年／50 年＝ 49,000,000 円　　ⓑ

　　設備部分　30,000,000 円× 5 年／20 年＝ 7,500,000 円　　ⓒ

土地・建物の積算価格：ⓐ＋ⓑ＋ⓒ＝ 456,500,000 円

　当該地域の類似の建物の実質実際賃料が,1 ㎡当り月額約 2,800 円,対象建物に換算して,年額 27,000,000 円であり,実際支払賃料と諸経費が下記のとおりであったと仮定する。

　なお,家賃は当月分を前月末払いが通常であるが,計算を簡略化するため,1 年分一括しての毎年末払いと仮定して計算する。

第5章　定期借家権に係る不動産鑑定評価および税制

実際支払賃料：年額20,000,000円（1㎡当り　月額約2,083円）
減価償却費；2,900,000円：

　　　　　　　本体 49,000,000円×1年／35年＝1,400,000円

　　　　　　　設備　7,500,000円×1年／5年＝1,500,000円

　　　　　　　　　　　　(土地価額)　　　(評価率)　(減額率)　(税率)　(減額率)
公租公課；1,510,000円：400,000,000円×0.7×(1/6×0.014＋1/3
　　　　　　　　　　　　　×0.003)＋56,500,000円×0.6×0.017
　　　　　　　　　　　　(税率)　　(建物価額)　　　(評価率)　(税率)

損害保険料；　　57,000円：建物価額の0.1％
維持管理費；　600,000円，総収入の3％
修繕費　　；1,200,000円，総収入の6％
貸倒準備費及び
空室損失等　；1,667,000円，総収入の1か月分
その他諸経費；　600,000円，1か月　50,000円
諸経費合計　；8,534,000円
　減価償却前純収益：14,366,000円
　減価償却後純収益：11,466,000円　　となる。

収入と諸経費が変動しないと仮定して、この償却後純収益の原価の総和を償却後の還元率5.0％として、無期還元して求めると、次のとおりとなる[*3]。

年度	償却後純収益　還元率	現価
1年度	11,466,000円／$(1+0.05)^1$	10,920,000円
2年度	11,466,000円／$(1+0.05)^2$	10,400,000円
3年度	11,466,000円／$(1+0.05)^3$	9,904,761円
⋯	⋯	⋯
100年度	11,466,000円／$(1+0.05)^{100}$	87,193円

第 5 章 定期借家権に係る不動産鑑定評価および税制

200 年度　　11,466,000 円／(1 ＋ 0.05)^{200}　　　　6,630 円

上記の計算を無限年度まで繰り返して，各年度の純収益の現価を合計するが，その合計額は，

11,466,000 円／0.05 ＝ 229,320,000 円 ≒ 230,000,000 円

に無限に接近し*4，この 230,000,000 円が収益価格となる。

すなわち，積算価格の約 50.2％となる

なお，実際支払賃料が，地域の標準的な賃料である年額 27,000,000 円で，諸経費を同様にして計算すると，償却後の純収益が 18,466,000 円となるので，同様の計算をすると，収益価格は，

18,466,000 円／0.05 ＝ 369,320,000 円 ≒ 370,000,000 円

すなわち，積算価格の約 79.5％となる

また，普通借家権の場合でも，何年かごとの賃料改正で賃料の増減が可能であり，現在，賃料相場は横這いまたは弱含みであるが，長期的にみて，上昇するとも考えられ，純収益が年率換算 1％の上昇をすると仮定すると，上記の計算は，

年度	償却後純収益	増減率	還元率	現価
1 年度	11,466,000 円×(1 ＋ 0.01)^0	／(1 ＋ 0.05)^1		10,920,000 円
2 年度	11,466,000 円×(1 ＋ 0.01)^1	／(1 ＋ 0.05)^2		10,504,000 円
3 年度	11,466,000 円×(1 ＋ 0.01)^2	／(1 ＋ 0.05)^3		10,103,848 円
200 年度	11,466,000 円×(1 ＋ 0.01)^{199}	／(1 ＋ 0.05)^{200}		4,803 円

となるが，その合計額は，

11,460,000 円／(0.05 － 0.01) ＝ 286,500,000 円 ≒ 287,000,000 円

に接近し*5，この 287,000,000 円が収益価格となる。

すなわち，積算価格の約 62.9％となる。

なお，実際支払賃料が，地域の標準的な賃料である年額 27,000,000 円で諸経費を同様にして計算すると，償却後の純収益は 18,466,000 円となるので，同様の計算をすると，収益価格は，

18,466,000 円／(0.05 − 0.01) ＝ 461,650,000 円

すなわち，積算価格の約 101.1％となりほぼ一致する。

この 287,000,000 円と 462,000,000 円との差の 175,000,000 円が，実際支払賃料が標準的賃料を下回っていることによる減価分であり，約 38％の減価となっている。

普通借家権の場合，借地借家法 32 条の制約によって賃料の増額が制約されているため，改定賃料が改定時の市場の標準的賃料を下回るのが一般的になっている*6。定期借家権においては，その制約を外すことができるので，賃料増減条項により，改定賃料が改定時の市場の標準的賃料の水準を維持することが相対的に容易になる。しかし，今度は逆にその条項に制約されるので，市場の賃料相場が予想以上に，すなわち賃料改定条項以上に上昇したときは，改定賃料が改定時の市場の標準的賃料を下回ることもある。しかし，賃貸借期間の終了時が確定しているので，その時点で，その時点の市場の標準的賃料の水準に復帰することが可能となり，この点が普通借家権の場合と本質的に異なるところである。

このような観点から，定期借家権の場合，無期還元は適せず，後述する有期還元を適用することとなる。

② 有期還元法による普通借家権付貸家の収益価格

a) 建物の残存期間後に更地化する場合

賃貸借契約の残存が，今後 5 年であるが，普通借家権の場合は法定更新により更新されることとなるので，建物の残存期間だけ，建物を現在の借家人に継続して賃貸し，残存期間経過後に建物を解体・収去して更地化することを想定して，収益価格を求める手法がある。この場合，減価償却後の純収益

第 5 章　定期借家権に係る不動産鑑定評価および税制

の現価の総和を求め，これに更地化した土地の価格の現価を加えて求めることになる。

　① に掲げた説例により，建築・賃貸後 15 年を経過し，建物の残存期間を 35 年，初年度の純収益を 11,466,000 円，その増加率を年率 1％，還元率を年率 5％として計算すると，純収益収益の 35 年の現価の総和は，

$$11,466,000 \text{円} \times \underset{(\text{元利年金現価率})*7}{18.5800} = 213,038,000 \text{円}$$

このとき，建物を取壊し，土地が更地として復帰するので，地価上昇率と還元率を，上記と同様とすると，復帰した土地の現価は，次のようになる。

$$400,000,000 \text{円} \times \underset{(\text{逓増複利現価率})*8}{0.2568} = 102,720,000 \text{円}$$

となり，収益価格は，その合計の

$$213,038,000 \text{円} + 102,720,000 \text{円} = 315,758,000 \text{円} \fallingdotseq 315,800,000 \text{円}$$

となる。

　b)　建物の朽廃時に更地化する場合

　また，普通借家権の場合，建物の残存期間の把握が困難である。すなわち，建物が老朽化して経済的耐用年数が経過していても，借家人が居住したり，店舗・事務所等として使用を継続している限り，借家人を立ち退かせることは困難であった。

　したがって，上記の計算における残存期間の設定は，推定というより，仮定という性格のものにならざるをえなかった。したがって，上記の式に，その不確定による減価を織り込む必要がある。

　建物が朽廃するまでの期間を，仮に以後 80 年と仮定して求めると，次のようになる。

　償却後純収益の 80 年間の現価の合計

$$11,466,000 \text{円} \times \underset{(\text{元利年金現価率})}{23.8818} = 273,828,718 \text{円}$$

　復帰した土地の現価

$$400,000,000 \text{円} \times \underset{(\text{逓増複利現価率})}{0.04472} = 17,888,000 \text{円}$$

となり，収益価格は，その合計の
273,828,718円 + 17,888,000円 = 291,716,718円 ≒ 291,700,000円
となる。

c) 上記の a) b) を総合的に判定

この価格は，①の無期還元の手法により求めた価格に接近している。しかし，朽廃に至る前に立ち退くことも十分に考えられるので，例えば，次のようにして案分して計算すると，下式のようになる。

315,800,000円 × 0.6 + 291,700,000 × 0.4 ≒ 306,100,000円

普通借家権で賃貸している場合には，その残存期間が上記のように不確定であり，種々のケースを想定しなければならなくなるが，これに対し，定期借家権で賃貸している場合は，契約によって，その期間を確定することができるので，残存期間の設定は確定的なものとなり，より正確な計算ができることになる。

③ 有機還元法による定期借家権付貸家の収益価格

a) 契約期間後に売却する場合

上記②と同様の条件で，定期借家権付貸家の収益価格を求める。

定期借家権の場合は，5年経過後に，契約期間が満了し，土地・建物は空家の状態で返還されるので，その価格は，「自用の建物及びその敷地」としての価格の現価を求めればよいことになる。

その間の建物価額と地価の上昇率を1％として，積算価格を求めると，

建物本体　49,000,000円 × $(1+0.01)^5$ × 30年/50年 = 　30,899,695円
設備部分　30,000,000円 × $(1+0.01)^5$ × 0年/20年 = 　　　　　0円
土地　　　400,000,000円 × $(1+0.01)^5$ 　　　　　 = 420,404,020円

合計　　　　　　　　　　　　　　　　　　　　　　　451,303,715円

となり，その現価を求めると，

451,303,715円 ÷ $(1+0.05)^5$ ≒ 353,608,000円となり，

第5章 定期借家権に係る不動産鑑定評価および税制

これに，5年間の純収益の現価の合計の50,596,000円を加えると

353,608,000円＋50,596,000円＝404,204,000円≒404,200,000円

となり，現在の積算価格456,500,000円の約88.5％となっている。

　b) 契約期間後に再賃貸する場合

また，この価格を収益価格で求める場合には，建物は空家として返還されるので，その地域の標準的賃料で賃貸することができるようになる。現在の標準的賃料を，①の説例で記した27,000,000円，純収益を18,466,000円とし，上昇率を1％とすると，5年経過後の標準的賃料は，

$18,466,000 円 \times (1+0.01)^4 / (1+0.05)^5 = 15,056,077 円$

となっている。

これを，同利率で無期還元すると

$15,056,077 円 / (0.05 - 0.01) = 376,401,925 円$

となり，この現価は，これに5年間の純収益の現価の合計の50,596,000円を加えると

376,401,925円＋50,596,000円＝426,997,925円≒427,000,000円

となり，現在の積算価格456,500,000円の約93.5％となっている。

④ 普通借家権の貸家と定期借家権の貸家との比較

説例の土地・建物について，積算価格465,500,000円を，借家権がついていない場合，すなわち，「自用の建物及びその敷地」としての時価としてとらえ，次の各ケースと比較すると，次のようになる。（　）内の％は，上記の積算価格に対する比率である。

減価償却後の純収益を基として求めた収益価格
　① 普通借家権の貸家を無期還元した場合　　　286,500,000円（62.5％）
　② 普通借家権の貸家を有期還元した場合
　　　a) 建物の残存期間（35年後）に更地化　　315,800,000円（69.1％）
　　　b) 朽廃の時（80年後）に更地化　　　　　291,700,000円（63.8％）
　　　c) a)・b)の加重平均　　　　　　　　　　306,100,000円（67.1％）

③ 定期借家権の貸家を有期還元した場合
  a) 契約期間後に売却するとき   404,200,000 円（88.5％）
  b) 契約期間後に再賃貸するとき   427,000,000 円（93.5％）

上記の価格の差は，この説例のケースでは，このようになったということで，あらゆるケースでこのような割合の結果がでることを意味するものではない。しかし，数値はともかくとして，普通借家権の場合は，賃料の上昇が押さえられていること，そして，法定更新で建物の朽廃にいたるまで継続して賃貸借しなければならないこともあり，賃料が低額のまま継続する傾向にあるのに対して，定期借家権の場合は，現時点で低額になっていても，契約期間満了後，空家に復帰するため，その地域の標準的賃料で賃貸できるようになることにより，一般的には，収益価格が，相対的に高くなるといえる。

⑤ 普通また定期借家権との性格の差により生ずる収益価格と手法の差異について

普通借家権また定期借家権の性格の差により生ずる，その敷地の収益価格及びその手法の差異について述べると，次のようになる。

 a) 賃貸借期間と返還時期の確定性に関して

定期借家権は，その賃貸借期間が確定されており，返還時期を確定的に把握できるので，純収益を有期還元し，返還後に自用の建物及びその敷地としての価格を確定時期にもとづいて還元して，より確定的な収益価格を求めることができる。賃貸借の残存期間が短いときには，自用の建物及びその敷地の価格に接近する。

なお，従来からの期限付建物賃貸借の場合は，その期間が確定されているので，評価手法は定期借家権の貸家の場合と同様となる。

また，定期借家権のうち，居住建物（200㎡未満）については，契約期間中でも，賃借人がやむを得ない事情によって自己の生活の本拠として使用することが困難になった場合には，1か月前の申し入れによって解約できることになっているので，このような貸家については，賃貸借期間が不確定とな

る要素を含んでいるが，この種の建物については，一般的には，代替性も高く，同一賃料水準で新規貸付が可能であり，上記と同様の評価手法によっていても問題はないといえよう。

これに対し，普通借家権は，法定更新がなされるので，約定の賃貸借期間に拘束されず，その期間が不確定であり，純収益を契約期間で有期還元しても，その意味は薄い。返還時期も不確実である。建物の老朽化が進んでいても，朽廃という状態に至るまで借家権は保護される傾向にあり，建物の物理的存続期間からの期間の確定も困難である。従って，普通借家権の貸家については，実質的に無期還元の手法を採らざるをえない。

　b）賃料の確定に関して

普通借家権については賃料の増減請求権があり，長期の契約をしていても契約期間中の収益を確定するのに不安定要素が残る。また，賃料の増減の算定方式を約定していても，市場賃料水準に比較して不相当と認められる程度に乖離したときは，その算定方式が否定されることもある。

これに対し，定期借家権については，増減請求権を契約で排除することにより，約定の賃料また増減の算定方式により求めた賃料により，賃貸借期間中の純収益を確定的に把握することができる。もっとも，予想し得なかったほどの経済界の大変動が生じたような場合には，「事情変更の原則」の適用はありうるが，これは異常事態の問題であり，ここまで，評価に織り込む必要はないと考える。

　c）立退料に関して

借家人のいる貸家を売買するとき，借家人を立ち退かせて空き家として売買することが多い。また，貸家を建替えるとき，借家人を再入居させないことも多い。このような場合，賃貸借期間内であれば，移転費用を，または賃料が市場水準より低くて借家人に経済的利益が生じているときにはこれにより喪失する利益を補償することで，立退きの合意を得ることも多く行われている。いわゆる立退料である。ここまでは，普通借家契約も定期借家権も同様である。しかし，定期借家権の場合は，その補償の期間は，契約による残

存期間に確定的に限定することができる。また，残存期間が短い場合には，契約期間の満了まで待てば立退き料を支払わずに空き家として返還を受けられるので，その期間中の逸失利益とを比較して選択できる。これに対して，普通借家権の場合は，契約による残存期間が満了しても法定更新によりさらに延長され，その期間は不確定であり，また無期に近いと考えなければならない場合もある。

d) 収益価格と積算価格とのウェイトについて

上述したように，定期借家権の貸家については，純収益を期間と賃料とについて確定的に把握できるので，精度の高い収益価格を算定することができる。

契約期間が長期にわたる貸家，特に投資向けの建物については，ほぼ全面的に収益価格によって評価することが妥当となる。また，契約の残存期間の短い貸家については，自用の建物及びその敷地としての積算価格の現価に近い価格となり，これにそれまでの期間中の純収益の現価の総和を加えるということで算定することが妥当となる。これに対し，普通借家権の貸家については，返還の時期が不明確なため，現行の賃料に予想される変動率（増減条項があればこれによる）を基として求めた賃料を無期還元して算出した収益価格によらざるをえないが，かなり多くの不確定要素が含まれているため，さらに，自用の建物及びその敷地の積算価格を求め，これから立退料相当額を控除して求めた価格とを，ほぼ同程度のウェイトをおいて，比較考慮して求めることになる（なお，借家権の鑑定評価については，「3　借家権の鑑定評価」で詳述する。）。

⑥　比較考量事項の総合的勘案

なお，上記で求めたのは試算価格であり，鑑定評価額を決定するにあたっては，下記の比較考量事項を総合的に勘案することを，鑑定評価基準は定めている。

(a)　将来における賃料の改定の実現性とその程度

(b) 契約に当たって授受された一時金の額及びこれに関する契約条件
(c) 将来見込まれる一時金の額及びこれに関する契約条件
(d) 契約締結の経緯，経過した借家期間及び残存期間並びに建物の残存耐用年数
(e) 貸家及びその敷地の取引慣行並びに取引利回り
(f) 借家の目的，契約の形式，登記の有無及び転借か否かの別

貸家及びその敷地は，個別性の強いものであり，上記を勘案することが，特に，必要とされる。

3　借家権の鑑定評価
(1) 鑑定評価基準での規定

借家権には，「1　定期借家権に係る不動産鑑定評価」で述べたように，譲渡性のある借家権（取引慣行のある場合の借家権）と譲渡性のない借家権（取引慣行のない場合の借家権）とがある。

借家権の鑑定評価についても，鑑定評価基準では，この二つの種類に対応して，

(A) 取引慣行のある場合の借家権の鑑定評価

(B) 取引慣行のない場合の立退料の鑑定評価（賃貸人から建物の明渡し要求を受け，借家人が不随意の立退きに伴い事実上喪失することとなる経済的利益等，賃貸人との関係において個別的な形をとって具体的に現われる場合の鑑定評価）にわけて鑑定評価の手法を，次のように規定している。

(A) 取引慣行のある場合の借家権の鑑定評価の手法
1) 当事者間の個別的事情を考慮して求めた比準価格を標準とし
2) 自用の建物及びその敷地の価格から貸家及びその敷地の価格を控除し，所要の調整を行って得た価格
3) （借家権割合が求められる場合には）償家権割合により求めた価格を比較考慮して決定するものとする。

(B) 取引慣行のない場合の立退料の鑑定評価の手法

1) 当該建物及び敷地と同程度の代替建物等の賃借の際に必要とされる新規の実際支払賃料と現在の実際支払賃料との差額の一定期間に相当する額に賃料の前払的性格を有する一時金の額等を加えた額
2) 自用の建物及びその敷地の価格から貸家及びその敷地の価格を控除し,所要の調整を行って得た価格

を関連づけて決定するものとする。
としている。

以下,これらの手法を,普通借家権の場合と定期借家権の場合とを,比較しながら説明する。

(2) 取引慣行のある場合の借家権の鑑定評価の手法

譲渡性のある借家権(取引慣行のある場合の借家権)については,主として,飲食店の「居抜き譲渡」などでみられる。

① 比準価格から求める手法

比準価格は,譲渡権利金等の取引事例と比準して求めるが,この中には,借家権だけでなく,営業権(有名な店舗の「のれん」,常連の客など)や造作,設備の対価も含まれている事が多いので,これを控除した金額と比較しなければならない。定期借家権については,その存続期間による減額をする必要がある。

② 従前・従後の価格の差額から求める手法

124頁に記載の説例によって具体的に説明すると次のようになる。
定期借家権の場合
自用の建物及びその敷地の価格　　　　　456,500,000 円
貸家及びその敷地の価格 (131頁③ a) 参照)　404,200,000 円

差額　　　　　　　　　　　　　　　52,300,000 円(約11％)

第5章　定期借家権に係る不動産鑑定評価および税制

普通借家権の場合
自用の建物及びその敷地の価格　　　　　456,500,000 円
　貸家及びその敷地の価格（130頁①参照）　286,500,000 円

差額　　　　　　　　　　　　　　　　　170,000,000 円（約37％）

これに，それぞれ所要の調整を行って求めることになる。

③　借家権割合により求める手法
　近隣地域等で取引された類似業種等での権利金等の自用の建物及びその敷地に対する割合から求める手法である。定期借家権の場合は，その存続期間によって異なるものであり，これによる調整が必要となる。

(3)　取引慣行のない場合の立退料の鑑定評価の手法
①　従前・従後の賃料の差額から求める手法
　取引慣行のない場合の立退き料の鑑定評価の手法を，124頁に記載の説例によって，(A) 1) によって具体的に説明する。
当該建物及び敷地と同程度の代替建物等の賃借の際に
必要とされる新規の実際支払賃料（年額）　　　27,000,000 円
現在の実際支払賃料（年額）　　　　　　　　　20,000,000 円

その差額　　　　　　　　　　　　　　　　　　7,000,000 円

　この差額（借家人の受けている経済的利益）の一定期間に相当する額を求めることになるが，この一定期間を借家権の存続期間とするとき，定期借家権では確定しており，有期であるが，普通借家権の場合は法定更新をも考慮すれば不確定であり，建物朽廃の時期までとなることもある。
　この説例により，定期借家権について，この差額がそのまま継続すると仮定して，残存期間が35年とし，利率5％として，その現価を年金現価率で計算すると，

7,000,000 円 × 16.3751 (年金現価率) = 114,625,000 円

となり，土地・建物の積算価格 456,500,000 円の約 25 ％となる。

なお残存期間が 5 年の場合は，

7,000,000 円 × 4.3294 (年金現価率) = 30,306,000 円

となり，土地・建物の積算価格 456,500,000 円の約 6.6 ％となる。

これは理論的な数値であるが，定期借家権の場合は確定的な金額として把握することが可能となる。

これに対し，普通借家権の場合はその残存期間が不確定であり，朽廃までの期間を60年と仮定すれば，

7,000,000 円 × 18.9293 (年金現価率) = 132,505,000 円

となり，土地・建物の積算価格 456,500,000 円の約 29 ％となる。

そして，この価格に，転居後の借家をするときの権利金等の一時金の額を加えた価格が 134 頁の(B) 1) の価格となる。

なお，定期借家権の場合の数値は，理論的なものであっても現実的な数値であるのに対し，普通借家権の場合の数値は，仮定的な数値という性格を帯びている。

したがって，定期借家権の場合は，この価格を標準として他の方式により求めた価格を参考として評価額を決定すればよいが，普通借家権の場合は，これにより求めた価格は参考程度のものとなり，他の方式により求めた価格にかなりのウェイトをおいて，評価額を決定することになる。

② 従前・従後の価格の差額から求める手法

この手法は，135 頁②で説明したところと同様である。

③ 割合法による手法

一般に，立退料の算定の実務で多く使われている「割合法」がある。

第5章　定期借家権に係る不動産鑑定評価および税制

これは、理論的なものとはいいがたいが、判例や相続税の評価、都市再開発の権利調整等などの実務をとおして、ある程度、定着化している。

上記の説例について、その一例をあげると、次のようになる。

建物に対する権利　　(建物の積算価格)
　　　　　　　　　56,500,000 円× 0.3 ＝ 16,950,000 円
土地に対する権利　400,000,000 円× 0.2 ＝ 80,000,000 円

合計　　　　　　　　　　　　　　　　　96,950,000 円

土地・建物の積算価格 456,500,000 円の約 21％となる。

この割合については、その目的に応じて、多様であるが、普通借家権の場合には、これもかなり重要なウェイトを占める。

この定期借家権についてはこの事例はないが、この割合も一応の参考とはなるが、残存期間によって調整をする必要がある。

なお、上記の算定例は、いずれも、試算価格であり、鑑定評価額を決定するにあたっては、記載した比較考量事項を総合的に勘案して決定することになることは、貸家及びその敷地の鑑定評価の場合と同様である。

II　定期借家権に係る税務

借家権に係る税務の取扱いについて、定期借家権が創設されたことによって普通借家権と異なる取扱いがなされるか否かは、現在のところ、明らかでない。

以下は、関連が生じるであろうと考えられる面について、参考までに記しておく。

1　相続税等の評価に関して

相続税、贈与税等における借家権、貸家及び貸家建付地の評価について、現行では、「財産評価基本通達」で、普通借家権の場合を前提として、次のように規定している。

(1) 借家権の評価

借家権の価額は，その権利が権利金等の名称をもって取引される慣行のある地域にあるもの（117頁の「譲渡性のある借家権」）を除き，相続税または贈与税の課税価格に算入しないとし（財産評価基本通達95），「譲渡性のある借家権」については，家屋の価額に国税局長の定める割合を乗じて計算した金額によって評価する（同通達94）と定めている。

なお，国税局長の定める割合は，下表のようになっている。

各国税局で定めている借家権割合（単位：％）

地　　域　　区　　域		借家権割合
大　阪　局　管　内	市制地域及び路線価設定地域	40
	上記以外の地域	30
東京局その他の国税局管内の地域		30

定期借家権については，残存期間によって，借家権の実際の価格が，上記の計算で求めた価額より低くなっていることも生じる。この調整のためのなんらかの改正が必要になろうが，現在のところ，鑑定評価によってその評価額を求めることになる。

(2) 貸家の評価

相続税等においては，貸家の家屋と敷地（貸家建付地）とは，それぞれ別個に評価することとなっており，借家権の目的となっている家屋の価額は，家屋の価額から，上記表で求めた借家権の価額を控除した価額によって評価するとされている（同通達93）。この場合，「譲渡性のない借家権」も控除の対象となる。このことは，貸家建付地の評価においても同様である。

(3) 貸家建付地の評価

貸家建付地の価額は，次の算式により評価するとされている（同通達26）。
（自用地としての価額）－（自用地としての価額×借地権割合×借家権割合）

なお，共同住宅等の場合には，これに賃貸面積割合を乗じて求めることになっている。

例えば，借地権割合が70％で，借家権割合が30％であれば，21％が控除され，自用地としての価額の79％がその評価額となる。

この場合，残存賃貸借期間，賃料等の契約条件の差異を問うことなく，一律に定められている。このため，賃貸借後の経過期間が短く，賃料が市場水準を維持している場合には，実態の価値より低く評価され，逆に，長期にわたって継続的に賃貸借され，賃料が市場水準を大幅に下回っているときには，実態の価値より高く評価されるという傾向にあった。

しかし，普通借家権の場合には，賃貸借の残存期間の把握が困難であり，また，自用地としての評価額が，時価の8割程度であれば，貸家建付地の評価額は，時価の63.2％となることを考慮すれば，やむえない方法として認められてきた。

定期借家権の場合は，賃貸借の存続期間が確定的に捉えることができるので，さらに厳密な評価方法が規定されるのか，上記の算定式で求めた価額を基にして，定期借地権の場合のように，残存期間に応じて逓増する方法がとられるか，いまのところ不明であるが，相続税対策として貸家を経営する場合に考慮しておく留意事項となろう。

2　法人税・所得税に関して

法人税・所得税において，借家権は繰延資産とされ，法人税法では，繰延資産について，「法人が支出する費用のうち支出の効果がその支出の日以後1年以上に及ぶもので政令で定めるものをいう。」と定義し（同法第2条第25号），同施行令で「資産を賃借し又は使用するために支出する権利金，立退料その他の費用」とし（同令第14条第1項第9号ハ），その費用の効果の及ぶ期間の月数を基として償却することとし（同法第32条，同令第64条），法人税法基本通達で，「資産を賃借するために支出する権利金，立退料その他の費用」の償却期間を次頁のように定めている（同通達8-2-1(1)，8-2-3）。

第5章　定期借家権に係る不動産鑑定評価および税制

種　類	細　目	償却期間
建物を賃貸するために支出する権利金等（8－1－5(1)）	(1) 建物の新築に際しその所有者に対して支払った権利金等で当該権利金等の額が該当建物の賃貸部分の建設費の大部分に相当し、かつ、実際上のそ建物の存続期間中賃借できる状況にあると認められるものである場合	その建物の耐用年数の7/10に相当する
	(2) 建物の賃借に際して支払った(1)以外の権利金等で、契約、慣習等によってその明け渡しに際して借家権として転売できることになっているものである場合	その建物の賃借後の見積残存耐用年数の7/10に相当する
	(3) (1)及び(2)以外の権利金等の場合	5年（契約による賃借期間が5年未満である場合において、契約の更新に際して再び権利金等の支払を要することが明らかであるときは、その賃借期間）

なお、所得税法においても同様に規定されている。

この表のうちの(1)は、いわゆる建設協力金的な権利金等であり、(2)は譲渡性のある借家権の権利金等であり、(3)は通常の権利金等が該当する。

この償却期間は、賃借期間が不確定な普通借家権を前提として規定されており、定期借家権について通達でどのように手当をされるか、今のところ不明であるが、定期借家権についてはその費用の効果の及ぶ期間の月数が明確であるので、上記施行令の規定により、その契約上の期間を基として償却することになるであろう。

　＊1　減価償却の方法
　　定額法の償却率：1年÷耐用年数（税務では、（取得価額－残存価額）×1年÷耐用年数とされている。）。毎年の償却額が一定額であり、投資額を均等に償却するのに適しており、償却後の純収益を還元する手法で多く用いられている。
　　定率法：$1-\sqrt[年数]{\dfrac{残価}{原価}}$。毎年の償却額が一定率であり、償却額は初期に多額で、順次逓減していく。建物や設備の市場価格に相対的に近いことから、積算価格を求める場合に参考として用いられる。
　　償還基金法の償却率：蓄積利回り／{（1＋蓄積利回り）－1}。償却額を蓄積し、

141

第5章 定期借家権に係る不動産鑑定評価および税制

一定の利回りで運用し、その運用益も運用して償却額の合計に加えるという考え方にたっている。したがって、蓄積利息相当額だけ償却額の合計は少なくなる。この式は年金終価の逆算式になっている。本文の例を、運用利回り4％として、償還基法で償却すると、次のようになる。

建物本体：49,000,000 円×[0.04／{(1＋0.04)^{35}－1}]
　　　　　＝49,000,000 円×0.01358＝　665,420 円
設　　備：7,500,000 円×[0.04／{(1＋0.04)^{5}－1}]
　　　　　＝7,500,000 円×0.18462＝1,384,650 円

合計 2,050,000 円となり、償却後純収益は 12,316,000 円となり、5％で無期還元すると、246,320,000 円となる。

*2　の説例では、その計算の過程で、設備部分は5年後に、建物本体は35年後に耐用年数が終わるので、再調達しなければならなくなるが、この資金は、それまでの減価償却費の累積額をあてる。しかし、この減価償却は、中古の建物を基礎として計算しているので、新しい建物を再調達するのには不足している。計算上は、価格時点の中古の状態の建物を取得するということになっており、現実的ではないが、そのような仮定にたった考え方と理解しておいてもらいたい。したがって、再調達後も従前と同じ賃料、または上昇率で計算している。

なお、上記の建物の残存年数は、経済的残存年数であり、物理的残存年数はさらに長く、また、借家人が使用を続けていれば、建て替えは困難という問題もあれ。上記の手法はかなり、現実と離れた仮定の上にたったものであるが、従来は多く適用されていた手法であり、理解しやすいのでこれによって説明しておいた。

*3　還元利回りは、建物と土地とで、その投資効率、安全性等から異なっており、例えば、次式のように加重平均して求めている。

{(建物価格×建物投資利回り)＋(土地の価格×土地の投資利回り)}
　÷土地・建物の価格

本例に当てはめると、次のようになる。

　　(建物価格)　　　(投資利回り)　(土地価格)　　　(投資利回り)　(土地価格)
(56,5000,000 円×0.085＋400,000,000 円×0.045)÷456,500,000 円
　　＝0.04995

還元利回り　約5％

償却前の純収益を還元する場合は、この還元利回りに、建物償却率を含める

第5章　定期借家権に係る不動産鑑定評価および税制

こととなるが，建物本体と付属設備との耐用年数が異なるので，それぞれの償却率も異なるので，これを区分して加重平均する。上記の例によって，＊1の償還基金法による償却率を加えて，償却前の還元利回りを求めると，次のようになる。

$$\{\underset{(建物本体価格)}{49,000,000\text{円}}\times(\underset{(投資利回り)}{0.085}+\underset{(償却率)}{0.01358})+\underset{(設備価格)}{7,900,000\text{円}}\times(\underset{(投資利回り)}{0.085}+\underset{(償却率)}{0.18462})$$
$$+\underset{(土地価格)}{400,000,000\text{円}}\times(\underset{(投資利回り)}{0.045})\}\div 456,500,000\text{円}\fallingdotseq 0.05470$$

還元利回り　約5.5％

これにより，償却前収益14,366,000円を還元すると261,200,000円となる。

＊4　純収益をA，還元率を期間をr，原価の総和をとしてP，この計算式を，まとめると次の式（年金現価率）となる。

$$P=\frac{a}{1+r}+\frac{a}{(1+r)^2}+\frac{a}{(1+r)^3}+\cdots+\frac{a}{(1+r)^n}\text{となる。}$$

ところで上の式は等比級数の和の形をなしている。等比級の和の公式は

$$S=\frac{b(1-h^n)}{1-h}\text{（ただし，初項}=b\text{，公比}=h\text{，n項の和}=S\text{とする）から}$$

初項$=\frac{a}{1+r}$，公比$=\frac{1}{1+r}$として，公式に代入すると，

$$S=\frac{a}{1+r}\times\frac{1-\left(\frac{1}{1+r}\right)^n}{1-\frac{1}{1+r}}=\frac{a}{1+r}\times\frac{1-\frac{1}{(1+r)^n}}{\frac{1+r-1}{1+r}}=a\frac{1-\frac{1}{(1+r)^n}}{r}$$

$$=a\frac{(1+r)^{n-1}}{r(1+r)^n}\text{または}\frac{a}{r}\{1-\frac{1}{(1+r)^n}\}$$

となる。そして，期間(n)を無限とすれば，n＝∞となり$\frac{1}{(1+r)^n}=0$

となるので$\frac{a}{r}\{1-\frac{1}{(1+r)^n}\}$は，$P=\frac{a}{r}$で表され，

本文の計算式は，11,446,000円÷0.05となる。

＊5　これについて，純収益をA，変動率をg，還元率をr，期間をn，原価の総和Pをとして，この計算式をまとめると次の式（元利逓増年金原価率）となる。

$$P=\frac{A}{(1+r)}\times\{1+\frac{(1+g)}{(1+r)}+\frac{(1+g)^2}{(1+r)^2}+\cdots+\frac{(1+g)^{n-1}}{(1+r)^{n-1}}\}$$

第 5 章　定期借家権に係る不動産鑑定評価および税制

{ } 内は初項，公比 $\dfrac{1+g}{1+r}$，項数 n の等比級数の和となるから

$$P = \dfrac{A}{(1+r)} \times \dfrac{1-\left(\dfrac{1+g}{1+r}\right)^n}{1-\dfrac{1+g}{1+r}} = \dfrac{A}{(1+r)} \times \dfrac{(1+r)\left\{1-\dfrac{(1+g)^n}{(1+r)^n}\right\}}{r-g}$$

$$= A \times \dfrac{1-\dfrac{(1+g)^n}{(1+r)^n}}{r-g} = A \times \left\{1-\dfrac{(1+g)^n}{(1+r)^n}\right\} \times \dfrac{1}{r-g}$$

$n = \infty$ とすれば $\dfrac{(1+g)^n}{(1+r)^n} = 0$ となり，

$$= A \times \dfrac{1}{r-g} \text{ となる。}$$

本例では，

11,466,000 円 ÷ (0.05 − 0.01) = 11,466,000 円 ÷ 0.04 = 286,650,000 円

となる。

＊6　普通借家権の貸家についても，自動改定条項も認められているが，それによって求められた改定賃料が，借地借家法 32 条の制限の範囲にある場合に限られている。

＊7　この式は，＊5 の基利逓増年金原価率であるので，次の計算となる。

$$A \times \dfrac{1}{r-g} \times \left\{1-\dfrac{(1+g)^n}{(1+r)^n}\right\}$$

$$= 11,466,000 \text{ 円} \times \dfrac{1}{0.05-0.01} \times \left\{1-\dfrac{(1+0.01)^{35}}{(1+0.05)^{35}}\right\}$$

$$= 11,466,000 \times \dfrac{1}{0.04} \times \left(1-\dfrac{1.01^{35}}{1.05^{35}}\right)$$

$$= 11,466,000 \times \dfrac{1}{0.04} \times \left(1-\dfrac{1.4166}{5.5160}\right) \fallingdotseq 11,466,000 \text{ 円} \times 18.58$$

＊8　逓増複利現価率は，次の式により求める。

$$\dfrac{(1+g)^n}{(1+r)^n} = \dfrac{(1+0.01)^{35}}{(1+0.05)^{35}} = \dfrac{1.4166}{5.5160} = 0.256816$$

第6章　民間事業・行政実務における活用方策

1　定期借家制度導入による住宅の将来像
　　―良質・多様な賃貸住宅が低価格で供給―

(1)　良質な賃貸住宅が低価格で供給

①　定期借家制度導入による借家経営の期待収益改善

　定期借家制度が導入されたため，家主にとっての借家経営の期待収益は著しく改善される。

　具体的には，長期継続居住が予想されるファミリー層に対しても，1〜2年程度の定期借家再契約を繰り返すことによって，ほぼ市場家賃に連動した家賃収入を得ることが可能となる。また老朽化により建替え等が必要となった場合でも，順次定期借家契約を終了させることによって，立ち退き料等を一切支払うことなく，建物取り壊し・建替えを行うことが可能である。さらに，仮に，借家経営途中で，土地・建物資産の売却が必要となった場合でも，借家人を居住させたまま市場価格で貸家を売却することが可能である。このように，継続賃料低下や立ち退き料の支払い等の借家経営の不確定要因が解消されるため，家主の期待収益は大きく増大する。このため，多くの新たな家主が借家経営に参入する。その結果，良質な賃貸住宅供給が促進され，市場の家賃水準は下落し，それでもなお，家主は経営の採算性を維持することができるようになった[*1]。

②　持家・借家の自由な選択実現による多様な賃貸住宅の供給

　定期借家制度の導入は，単に良質な借家の供給を促進し，家賃を低廉化させるのみならず，多様な住宅ニーズに対応した賃貸住宅の居住スタイルを実

第6章 民間事業・行政実務における活用方策

現する。定期借家権が導入されたため，持家・借家選択へのバイアスは解消され[*2]，そのメリット・デメリットを考慮した自由な選択が可能となったからである。

例えば，都市の郊外部では，地主がデベロッパー等事業者に対して建物譲渡特約付借地権（現行法第23条）による借地契約を締結したうえで貸地し，事業者が戸建住宅を建設したうえで賃貸住宅経営を行うという借家供給が期待される。

また，過疎市町村においては，定期借家権を活用し，空家を都市住民のためのセカンドハウスとして供給する地域振興施策が推進されることと予想される[*3]。

(2) 賃貸住宅による供給が合理的な住宅の類型

こうした中で，特に借家居住が合理的であり，今後大きく増大すると予想される典型的な居住形態が2つある。第一は，中高層集合住宅（いわゆるマンション）であり，第二は高齢者住宅である。

① 中高層賃貸マンションの供給促進

区分所有型中高層集合住宅いわゆる分譲マンションは，近年，年間十数万戸の供給量で推移しており，1997年末には約300万戸のストックに達するなど，都市型の居住形態として定着している。しかしながら，このうち，特に竣工事業1975年以前のストックは約51万戸存在すると推定され，2005年時点では築後30年を経過することとなり，建替え問題に直面することとなる。

分譲マンション等区分所有建物建替研究会（1996）は，1995年末までに竣工した建替事例38件についての詳細な分析を行っているが，その内訳を見ると，1) 84％は公団又は公社により分譲された団地で，2) 82％は従前の容積比が0.5未満であり，このため3) 従後の建物では戸当面積が1.5倍

以上に拡大したものが69％，戸数が1.5倍以上に拡大したものが71％，延床面積が2倍以上に拡大したものが78％を占めている。すなわち，既存の建替え事業のほとんどは，建替え後の余剰床を処分することにより，区分所有者が自己資金投入を行う必要がなく，かつ自己居住用面積を大きく拡大できたものである。このような有利な条件を有していたにも拘らず，建替えの合意形成までに多大な人的・金銭的費用を要したことが報告されている。

また，阪神・淡路大震災では，兵庫県下における被災マンション83棟のうち，60棟が建替えられることとなったが，被災後2年半を経過した1997年6月時点で竣工したのは10棟にすぎなかった。このように分譲マンションの建替えは困難な事業である。

分譲マンション建替えに適用可能な法制度としては，市街地再開発事業（都市再開発法）及び区分所有法の法定建替え制度（区分所有法62条1項）がある。

市街地再開発事業は，大正末期から昭和初期にかけて建設された旧同潤会アパートにつき適用されたケースが数例存在する。同事業を適用すれば，賛成者多数による建替えが可能であり，権利調整費用を低減化できる可能性があるからである。しかしながら，この制度は，一般のマンション建替え事業には適用できない。同事業適用のためには，周辺敷地を含めた一体的建替えであること及びマンションの建築後年数が40年以上経過していることが要件とされるためである。

法定建替え制度も，一定の要件の下で5分の4の多数決による建替え決議が認められているため，同制度の適用は，権利調整費用を低減することが期待されていた。しかしながら，実際には，このような建替え事例は一件もない。何故ならば，1）借家人，抵当権者等の第三者に対抗することができない，2）建替え事業自体を民事契約の積み重ねによって実施せざるを得ないため，法的に不安定であるなどの問題を有しているためと考えられる。

定期借家契約を前提とした賃貸マンションでは，分譲マンションのような建替え問題が発生しない。このため，今後新築されるマンションに関しては，

第6章　民間事業・行政実務における活用方策

次の理由により定期借家権の導入を契機として，分譲から賃貸へのシフトも想定されると考えられる。

②　高齢者住宅の供給促進

　介護保険法の成立により，日本においても，高齢者介護に関して，施設ケアから在宅・地域ケアの時代へ移行することとなった。

　高齢者住宅は，本人及び介護者の負担を大きく軽減する。壁に手すりがあり，段差がなく幅広い廊下が家の中を車椅子で移動できれば，介護が必要になった高齢者の生活の質は格段に向上する。車椅子のまま入ることができるシャワー室があれば，介護も楽になる。

　このように，ライフステージの一時点にニーズが限定される高齢者住宅は次の理由により，賃貸住宅として供給されるのが合理的であると考えられる。

　第一に，自分の持家を新築又は購入する場合に，将来に備えて高齢者仕様の住宅とすることは合理的でない。高齢者仕様の設備は多額の費用が必要で，ライフステージの一時期でのみ必要とする施設であるし，その必要性も不確実だからである。

　第二に，介護が必要となった時点で改築することは，新築時点で高齢仕様設備を装備するのに比較し，大幅なコストアップとなるし，構造上，技術上，設備性能水準にも制約がある。何より，改築期間中に，一時的に転居した生活を送るのも煩わしい*4。

　第三に，住宅市場の中で，一定数の高齢者住宅がストックされ，このような住宅が必要となった世帯が，その時点で買い換えにより入居する形態も考えられる。しかしながら，買い換えには，キャピタルロスというリスクが常に伴う。多くの世帯にとって，家族の誰かが要在宅介護者となった段階で，にわかに住宅を購入することは困難と考えられる。

　しかしながら，従来の借家制度の下では，良質な高齢者住宅が民間から供給されるのは困難であった。このため，従来，日本における高齢者住宅供給は，シルバーハウジングを初めとする公営住宅や，都市基盤整備公団のシニ

ア住宅など，公的セクターが担ってきた。したがって，供給量には財政的制約があったし，逆にいえば，財政支出を不必要に増大させる要因でもあった。そもそも，民間市場では高齢者住宅の供給が望めないことが，公共セクターによる直接供給を正当化する論拠であったともいえる。

　定期借家権の導入により，このような高齢者住宅が，民間賃貸住宅として供給されることが可能となった。

　このような高齢者賃貸住宅は，郊外の戸建住宅としても供給されるが，都市中心部の賃貸マンションとして供給される場合が多いと考えられる。何故ならば，高齢者にとって，都市中心部は，介護サービスの供給が豊富であるし，買い物等生活利便施設も徒歩にて利用可能ゆえ，自動車による移動が不可欠な郊外より住み易いからである。このため，都市郊外の広い戸建て住宅に居住する高齢世帯では，所有権はそのままに，資産を他者に定期貸家する等有効利用しつつ，高齢マンションに定期借家する居住パターンが一般化すると考えられる。何故ならば，子供が相続する資産も保全されるし，売買のタイミング如何により資産価値の低下を招くとの失敗がないからである。一方では，都市郊外の広い戸建て住宅は，小・中学生程度の子供がいるファミリー世帯にとって，絶好の賃借物件となろう。

2　定期借家制度導入による都市の将来像
　　　―職住近接型のコンパクトな都市実現―

(1)　定期借家制度導入による都市中心部の再生

　1で示したように，定期借家制度の導入により，都市中心部での賃貸マンション（高齢者住宅を含む）建設という不動産開発マーケットが大きく拡大する。このことは，大都市圏の都心周辺部や地方都市の中心市街地など，都市中央部の再生に大きく寄与すると予想される。

　現在，大都市圏，地方都市を問わず，都市中心部は衰退・空洞化の大きな

第6章 民間事業・行政実務における活用方策

危機にさらされている。例えば，東京都心3区（千代田区，中央区及び港区）の夜間人口は，1955年の54.9万人から1990年の段階での26.6万人まで，51.5％減少した[*5]。東京都心3区レベルでの昼夜間人口比率は，ニューヨークの3.7，ロンドンの2.7，パリの1.5に対して東京は8.3で，東京大都市圏における都市構造は，欧米大都市と比較しても著しく不均衡な状況を生じた[*6]。こうした中で，小中学校等公立施設の遊休化が進展するとともに，店舗などの生活利便施設が減少し，夜間人口の減少をさらに加速化させている。

また，地方都市の中心部では，郊外型スーパーやディスカウントストア，カテゴリーキラー等の出店により，中心商店街が大きな打撃を受けた。多くの商店が閉店し，居住世帯も郊外へと移転し，このことが商品販売の不振を加速化させた。

こうした中，大都市圏，地方都市を問わず，都市中心部では多くの遊休地が発生しているが，その多くが有効利用されていない。賃貸オフィス市場は依然需給が大きく緩和した状況にあるし，将来のキャピタルゲインの取得を期待する地主は，分譲マンションとして処分するのを厭うのが一般的なためである。

定期借家権の導入による都市中心部での賃貸マンション建設（高齢者住宅を含む）という不動産開発市場の拡大は，都市中心部の低・未利用の土地利用転換を促進し，職住近接や介護サービス享受の利便性に着目した郊外居住世帯の流入を促進させる。近隣の消費人口増大を背景として，またシャッターが閉ざされた既存店舗の営業用貸家供給という回路を通じて，中心商店街を活性化させる。すなわち，都市中心部の空洞化・衰退問題を解消し，豊かな都市居住の実現に寄与するのである。

(2) 都市中心部再生の効果

① 不動産投資の活性化による内需拡大効果

このように不動産投資が活性化することは，担保不動産の流動化により不良債権処理問題の解決，金融不安の解消にも寄与するとともに，財政出動の負担を課すことなく，内需主導型の景気浮揚にも貢献するものである。

こうした不動産投資をさらに活性化させるのが，都市中心部での賃貸マンション建設・経営事業に対する1,300兆円ともいわれる個人金融資産の資金参入である。

具体的には，1995年に施行された不動産特定共同事業法による不動産特定共同事業が，定期借家権の導入により積極的に活用されると予想される。不動産特定共同事業とは，宅地建物取引業者等が，不動産を共有持分権として一般に販売したうえで，共有持分権の出資を受けて組合を結成し，組合が不動産の賃貸経営による運用収益を買主（出資者）に分配するものである。従来このような事業は，賃貸マンション経営自体が収益性ある事業ではなかったため，積極的に活用されてきたとはいえなかった。定期借家権の導入は，資本市場から直接資金を調達する賃貸マンション建設・経営事業のマーケットを大きく拡大すると予想される。

なお，不動産特定共同事業による共有持分権の取引は，相対によるものに限定され，市場における流通性が担保されていない。

こうした事業をさらに拡大させるのが，不動産証券化の本格的な導入である。このような方向性も，「特定目的会社による特定資産の流動化に関する法律」（1998年法律第105号。いわゆる「SPC法」。）によって確立された。

現に，アメリカでは，SPC類似の制度としてリート（REIT＝Real Estate Investment Trust。アメリカの不動産信託制度で，会社，信託等が，受益証券販売により調達した資金を不動産に投資し，賃料等運用益を投資家に分配するもの。）が導入されている。このうち，賃貸マンション投資を目的とするリートの時価発行総額は，投資分類型別リートの中で最も大きく，オフィス投資を上回る

151

第6章　民間事業・行政実務における活用方策

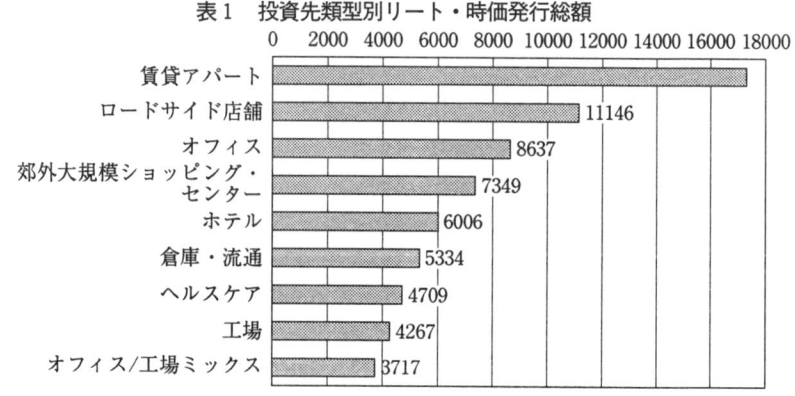

表1　投資先類型別リート・時価発行総額

投資先類型	時価発行総額
賃貸アパート	(最大：約17000超)
ロードサイド店舗	11146
オフィス	8637
郊外大規模ショッピング・センター	7349
ホテル	6006
倉庫・流通	5334
ヘルスケア	4709
工場	4267
オフィス/工場ミックス	3717

（1996年12月，NAREITより作成）

規模に達している（表1）。

　また，その配当利回りでは6.37％で，全リートの平均配当利回り6.05％を上回る。すなわちアメリカでは，賃貸マンション経営が，企業経営的に成り立ち，しかもその規模も極めて大きい。その背景にあるのが定期借家制度なのである。

② 職住近接型のコンパクトな都市実現による省エネルギー推進・環境負荷軽減

　一方，都市中心部の不動産開発が活性化し，郊外に流出した住宅や店舗が都市中心部に流入することは，職住近接型のコンパクトな都市構造実現に寄与する。大都市圏では，長距離鉄道通勤の苦痛から多くの勤労者が解放されるのみならず，輸送部門におけるエネルギー消費節約にも資する。また，地方都市では，郊外から自動車通勤していた勤労者が，市内中心部から自転車や徒歩で通勤するようになる。このためガソリン消費の節約に加え，CO_2による地球環境負担軽減にも寄与する。すなわち，定期借家制度の導入は，地球環境にもやさしい職住近接型のコンパクトな都市の実現にも寄与するものである。

第6章　民間事業・行政実務における活用方策

3　定期借家制度導入による軽やかな居住の実現

(1)　「居住継続希望」ニーズは本当か？

　定期借家制度導入への反対論のひとつに，既存の正当事由借家であれ，新規の定期借家であれ，「横暴な家主」や「地上げ」によって借家人の追い出しにつながるとするものがあった。その背景には，長年住み慣れた地点を離れ，見知らぬ地に居を構えることに関しては，引っ越し等に要する経済的費用を除いても，心理的費用が極めて大きいとの基本認識があった。

　このため，「コミュニティの維持」，「居住継続保護」，「住み続けられるまちづくり」は，特に大都市部での自治体住宅政策における普遍的目標でもあった。地価高騰時に，東京都心4区が，住民の居住継続が困難になったことを理由に，コミュニティ維持・保全のため，区長連名による固定資産税・相続税引き下げの要望を行ったのは，その象徴でもあった。

　しかしながら，従来，「住み慣れた土地を離れること」を厭う理由として，そのすべてが「心理的な費用」といえるのか，「移転」よりも「居住継続」を有利とする制度上のバイアスがなかったか，検証する必要がある。

(2)　居住継続を有利とする制度の歪み

　従来の借家制度は，他の居住地に移転するよりも，同一地点・同一住居で居住継続すること自体を有利にするバイアスがある。借家居住世帯であれば，継続家賃は市場家賃に比較して常に安く，同じ借家に長く住み続けるほどその利益は増大する。また，持家居住世帯に関しては，居住地移転の動機が生じても，土地のキャピタルゲインを実現するのはできるだけ将来に延ばすのが得であったし，借家制度のため，貸家経営による資産活用という道が事実上閉ざされていた。「父祖伝来の土地を守ること」には，十分な合理性があったのである。

(3) 定期借家制度導入により実現される居住スタイル

　定期借家制度導入は，このような事情を大きく変更した。すなわち，定期借家への居住は，同一借家での居住継続が必ずしも実現しないかもしれないものの，新規借家への居住に伴う費用（初期家賃，権利金等）を著しく軽減する。のみならず，持家居住者が資産活用の観点から同一住居に居住継続することの必要性をも大きく減殺する。定期借家権の活用により，1）所有する住宅で貸家経営を行うことによってインカムゲインを確保しつつ，2）潜在的キャピタルゲインを現時点で実現することもなく，かつ，3）将来のキャピタルゲイン実現を一切損なうこともなくして，他の地に移転して借家に居住することが可能となったためである。

　このような考察を踏まえれば，「住み慣れた土地を離れることへの心理的抵抗」と考えられてきたものの中に，借家制度というバイアスのため「移転」よりも「居住継続」を有利にする歪みが混在していたこと，定期借家制度の導入はこのような歪みを相当程度解消すること等の蓋然性は高いと思われる。

　このようにして，定期借家制度の導入が，「移転」と「居住継続」との選択を中立的にさせ，結果として，「居住継続」が著しく有利であった従来と比較して，居住地点に係る移動性は増大する。このため，既存のコミュニティへの新規世帯参入は，従来よりも増大し，これに伴って，コミュニティの姿も変貌するものと予想される。

　住み慣れた地点で暮らしたければ「居住継続」する。ライフスタイルの変化や，ライフステージの変遷に応じて，また新しい人々との出会いを求めて，もっと自由に住み替えたければ「移転」する。定期借家制度の導入は，「持家」か「借家」かの選択のみならず「居住継続」か「移転」かに関して，自由で中立的な選択を可能とする。いわばその選択において，何にも束縛されない「軽やかな居住」を実現するのである。

第6章 民間事業・行政実務における活用方策

[注]
* 1 なお，このような定期借家制度導入による賃貸住宅供給促進・家賃低減効果に対しては，定期借家制度導入反対論者から，床面積が比較的広く，間取りも多い（たとえば，マンションを借家するとした場合，LDK程度）住宅の供給が少ないのは，家賃が高額になるため，借り手がいないからである。」ため，仮に定期借家権が導入されたとしても，良質な賃貸住宅が広く出回ることはないという批判があった。

例えば，澤野（1997）は，床面積80 ㎡，建築費価格21万円／㎡という持家の規模及び質に匹敵する賃貸住宅の家賃に関して，建物の投資による期待収益率を年6％，減価償却期間25年間を前提として積算すれば，少なくとも月額24.5万円に達するとしている。

しかしながら，氏の想定する前提条件は，定期借家権が導入された今日，見直しが必要である。具体的には，

a) 継続家賃の市場賃料への連動保証や，将来の建替えに際しての立ち退き料等が不要となことに加え，後述するような長期金利のリスク負担能力が高い資金が借家経営に参入すること想定すれば，建物投資の期待収益率は，現行の6％より低い水準となる。

b) 建築費単価21万円という良質の住宅であれば，耐用年数は50年以上と想定されるため，減価償却期間をより長期に設定することが可能となる。

仮に，建物建設投資への期待収益を4％，減価償却期間を建物耐用年数の50年と想定して氏の算出方法により，家主にとっての必要家賃を積算すれば，月額18.4万円へと低下する。

従来の賃貸住宅市場では居住期間が長期化し，継続家賃が市場家賃から大きく乖離することとなるため，建設後20年程度で借家人が退去せざるをえなくなるような建築費単価15万円／㎡程度の耐久性の低い借家が供給されている。定期借家制度が導入されたため，多少建築費が高くとも，耐用年数の高い借家を建設することによって，家賃の低廉化を図ることが可能となったのである。

* 2 この点については，例えば吉田（1998）が，「持家は，生活スタイルの自由の確保，また，その安定性の確保にとってこそ魅力的である。そのような観点からは，支払い能力さえあるならば，持家が選択されることは自然なことである」とするように，仮に定期借家権が導入されたとしても，持家を購入できるような所得水準を有する世帯は賃貸居住を選択しないと指摘されることがあった。

第6章　民間事業・行政実務における活用方策

　　しかしながら，このような「持家志向」の要因に，借家制度が供給側，需要側の双方にとって借家という居住形態の選択を妨げるバイアスがあった点に留意することが必要である。たしかに，持家には，キャピタルゲインの取得期待に加え，長年に亘って住み続けるほど愛着が増す，住宅ニーズの変化に応じた模様替えも自由にできる等のメリットがある変わりに，売買のタイミングを図るのが難しいため隅み替えも容易でない，経済情勢の激変や阪神・淡路大震災のような自然災害により不測のキャピタルロスがもたらされる等のデメリットがある。一方，借家には，ライフステージの変化に応じた住み替えも可能であるし，持家のようなキャタルロスというリスクもない。仮に定期借家権が導入されれば，自らは借家に居住しつつも，住宅資産を取得して賃貸経営を行うことにより，リスク負担を前提に，キャピタルゲインを取得することも可能となる。

＊3　四国では珍しいスキー場を有する徳島県井川町では，1998年に策定された総合計画の中で，定期借家権の導入・活用を想定し，町が空家を借り上げ，賃貸住宅といて供給する事業の実施を掲げている。

＊4　特に従来の借家制度の下では，一時的に，快適な居住場所を適正なコストで確保することは困難であった。

＊5　総務庁統計局『国勢調査』による。

＊6　建設省資料による。

［参考文献］
澤野順彦（1997）『定期借家権の課題』
分譲マンション等区分所有建物建替研究会（1996）『分譲マンション等区分所有建物建替え制度等に関する研究報告書』
吉田克己（1998）「定期借家権を考える」法律時報70巻2号

第7章　定期借家法の立法論的検討課題

　定期借家法は，議員立法で導入された。このことは，定期借家権導入それ自体の意義に加えて，次のような意義を有する。
(1)　普通の市民の利害は薄く広がっており，従来，政治的にこれを結集するのは至難の業であった。政治や立法は，ともすれば組織化された利益団体・業界団体の要望，活動等の圧力による影響を受けがちであったが，これらの要望は，いわゆる普遍的な市民の利益とは一致していない場合も多かった。陳情書の数や集会の回数と関わりなく，普通の市民の声なき声をきちんと思いやる感受性こそ，政治や立法に最も望まれていたことだった。
(2)　定期借家立法は，このように薄く広がった普遍的な市民のニーズが汲み取られ，民事の基本法に関して超党派で政策論が交わされて，議員立法で法律に結実したという日本の法制史上初の快挙である。立法府が立法を行うというあまりにも当然だがこれまで困難であったプロセスの復権につながる試金石でもあった。
(3)　現在，日本の経済社会は様々な危機に瀕し，多くの分野で構造変革課題に直面しており，その立法再構築が課題となっている。このような時代の変革に，従来型の官僚主導型立法体制で対応するには限界がある。定期借家立法は，議会が主導的に新たな立法政策を構築していくというスタイルを確立するうえでの第一歩となった。
　　しかしながら，改正法は，2つの立法論的問題を有していると考えられる。1つは，床面積200㎡未満の居住用建物の借家人に対して強行規定による中途解約権を認めたことである。2つには，経過措置として，居住用建物の既存借家人に関しては，いわゆる普通借家から定期借家への切替えが「当分の間」全面的に禁止されたことである。

第7章　定期借家法の立法論的検討課題

1　借家人による中途解約権（改正法第38条第5項）について

(1)　普通借家における家賃改定特約の問題点

① 借家契約の基本的な要素は借家権の存続期間と家賃の二要素である。借家供給の抑制を排除して定期借家権の実効性を確保するためには，「当事者の合意による契約自由が基本」という概念の一環として，家賃改定特約についても当事者の合意による限り，これを優先することとする必要がある。

② しかしながら，現行法第32条第1項ただし書では，一定の期間建物の家賃を増額しない旨の特約がある場合にはその定めに従うとする一方で，家賃の増額に係る特約が有効である旨は明記されていない。

　このこともあって，判例には一定の家賃改定特約を有効とするものがある反面，家賃の上昇局面等においてはルールそのものを無効とするものも多く存在する。このため，あらかじめ収益を確定させることを意図してなされる家賃改定特約は，現行の判例法の下では実質的には意味をなさないものとなっていた*。

③ 具体的には，あらかじめ家賃改定方式を特約した場合は，算定方式が相当である限り有効であり，固定資産税額，路線価等の変動率に対応した改定方式は一般的には有効とされる。しかし，著しい地価高騰があった場合など，借家人の負担能力等との関係で裁判所が不相当ないし不合理と判断した場合には，家賃改定方式の特約は無効とされる。実際上，経済変動がたまたま小幅であった場合のみに意味をもつ取決めということになる。

　例えば，「継続家賃を同等の物件の新規市場家賃と同水準とする」旨の特約は常に無効であるし，路線価や固定資産税額にスライドさせる方式も，その上昇が著しい場合は，結局のところ「相当でない」こととなるので，あらかじめ予測に確実性を付与することを意図してなす特約と

して意味をもたない（脚注の京都地判 1981・10・23 および東京地判 1991・3・29 参照）。現実の借家契約慣行においてこのような特約があまりみられなかったのは，このような判例実態によるものであると考えられる。

* 継続賃料に関する最近の判例としては，京都地判 1981・10・23 判タ 466 号 148 頁，東京地判 1989・1・26 判時 1329 号 170 頁，東京地判 1989・8・29 判時 1348 号 96 頁，東京地判 1989・9・5 判時 1352号 90 頁，神戸地判 1989・12・26 判時 1358 号 125 頁，名古屋地判 1990・7・13 判時 1378 号 92 頁，東京地判 1991・3・29 判時 1391 号 152 頁などがある。

④　これに対して，契約自由を基本とする定期借家制度に関しては，改正法第 38 条第 7 項において明文により家賃改定特約を有効とすることとされた。すなわち，家賃の改定に係る特約をあらかじめ定めた場合に限って，現行法第 32 条の借賃増減額請求権の規定は適用されない。このため，その特約の内容を実効あらしめ，家賃改定についても当事者の合意を優先させることとして，訴訟等をあらかじめ回避することが可能となった。

　これによって，長期間借り続けるかわりに家賃総額を大幅ディスカウントするという，借家人にとってもメリットがあり，家主にとっても空室リスクを避けることができる双方の当事者に利益となる長期間の契約類型が広く普及していくことが期待されることとなった。

(2)　借家人による中途解約権の問題点

①　一方，このような長期契約において，借家人が契約後の事情変更により建物に居住し続けることができなくなったときには，期間満了までの家賃支払い義務を負担し続けることとなり，借家人にとって過酷となる場合があり得る。

　このため，改正法第 38 条第 5 項では，定期借家契約において，床面積 200 ㎡未満の居住用建物に限り，転勤，療養，親族の介護その他のやむを得ない事情により，借家人が建物を自己の生活の本拠として使用す

第7章　定期借家法の立法論的検討課題

ることが困難となったときに限って，契約上特約がなくても，強行規定により借家人に中途解約権を認めることとされた。

② それでは，定期借家契約については一定の類型の借家人に対して強行規定による中途解約権を認めることで，何故，そのような借家人にとっての長期契約による過酷となる事態を回避することができるのか。あるいは，何故，長期契約によって過酷となる事態を回避するためにも，一定の類型の借家人に関しては中途解約権が必要なのか。この点についての立法意図は，次のいずれかと考えられる。

③ 第1は，定期借家契約では一般的に長期契約を締結する場合が増大すると想定したうえで，一定の類型の借家人に中途解約権を認めることによって，長期契約であっても過酷な事態を回避することができるし，安心して長期契約を締結できるようになるとするものである。

　すなわち，期間の定めがある普通借家については，期間満了時には原則として契約が更新されるため，借家人にとって長期契約のメリットは乏しい。実際，同一建物に長期間居住するとしても，短期契約が繰り返し更新されている例が多いと考えられる。そもそも長期契約が締結される余地が極めて少なく，借家人は契約関係を離脱することが比較的容易である。契約期間満了まで賃借人を契約関係に拘束することが借家人にとって過酷となることは少ないため，中途解約権を保障する必要性に乏しい。

　これに対して，定期借家の場合，借家人にとっては居住の安定，家主にとっては空家リスクの回避という点でそれぞれのメリットがあるから，長期契約を締結するケースが増大する。このような長期契約で，事情変更により建物の使用継続ができなくなったにもかかわらず，残存期間の家賃支払義務を負担させるとしたら，借家人にとって過酷な事態となることが頻発するとも考える余地がある。

　ただし，改正法第38条第5項は，同じ定期借家契約であっても，床面積200㎡以上の居住用建物（以下「大規模住宅」という。）や，事業用建

物に関しては，強行規定による賃借人の中途解約権を認めず，床面積200㎡未満の居住用建物（以下「小規模住宅」という。）に限って認めている。これは，第1に，事業用建物の場合にも，契約後の事情の変更により借家人が建物を継続使用できなくなるという事態が生じることは想定しうるが，事業者である借家人については，そのようなリスクをあらかじめ織り込んだうえで契約を締結するか，あるいは中途解約権を特約で定めるといった方法により，自己責任において適切に対処することを期待しても差し支えないと考えられるためである。第2に，大規模住宅の借家人については，経済的な負担能力が高く，必ずしも中途解約権を保障して保護するまでの必要性はないということができるし，事業用建物の借家人同様にして，自己責任において適切に対処することを期待しても差し支えないと考えられるためである。これらの借家人に対しては，中途契約権を認めなくとも，自己責任によって長期契約のリスクに対処できるため，借家人にとって過酷な事態となることは想定されにくく，中途解約権を認める必要性も乏しいと考えられる。

　これに対して，小規模住宅の借家人に対しては，契約締結時において，将来のある時期に転勤，療養，親族の介護等の事情が生じることを的確に予測して契約期間を定めることを期待することは困難又は不可能であり，そのような借家人にそのリスクを全面的に負担させることは適切でないとも考えられる。

　このため，定期借家契約においては普通借家契約と異なり長期契約を結ぶケースが一般的に増大するが，特に小規模住宅の借家人に対しては，長期契約途中において借家人が建物を使用できなくなるというやむを得ない事情が生じたときに，借家人が中途解約できれば過酷な事態を回避することが可能となる。そうすれば，小規模住宅の借家人であっても安心して長期契約を締結することができるようになり，そのためにも中途解約権を認めることが必要とするものである。

　しかしながら，このような解釈は困難であると思われる。

第7章 定期借家法の立法論的検討課題

　確かに家主にとっての最大関心事項は，安定的な家賃収入の確保である。家主には，空室によって家賃収入が途絶えることもなく，新たにテナントを探す手間もない長期契約を望む動機がある。従来型の普通借家契約では，前述したように家賃改定特約の有効性が保証されていなかったため，家主が長期契約を結び，安定的な家賃収入を確保することは望めなかった。これに対して定期借家契約では，前述したとおり，改正法第38条第7項において明文により家賃改定特約を有効としたため，家主は，適切な家賃改定特約を付した長期契約によって，空室リスクもなく，テナントを探す手間もない，長期かつ安定的な家賃収入を確保できる道が拓かれた。このような長期契約であれば，短期契約の場合と比較してもより安い家賃で貸すという動機が生じることとなる。
　借家人としても，長期に継続居住したい，途中で転居せざるを得ない事態が生じる可能性も低いという者であれば，長期契約を結ぶことによって家賃の支払総額が大幅にディスカウントされるというメリットが生じる。このように定期借家契約では，これらの点だけを考慮すれば，家主及び借家人にとっての利害が合致したうえで，適切な家賃改定特約を付した長期契約が締結される蓋然性は高まったといえる。
　しかしながら，一定の類型の借家人に対して強行規定による中途解約権を認めるとなると，そのような借家類型についての事情は一変する。家主が長期契約を結んでも，借家人がいつ中途解約権を行使するかわからない。あらかじめ特約によって排することもできない。すなわち，長期契約を結んでも，空室リスクやテナントを探す手間が省けるとは限らない。それならば，長期契約だからといって，短期契約の場合と比較してより安い家賃で貸すという動機は生じにくい。
　借家人としても，あえて長期契約を結んだからといって家賃の支払総額がディスカウントされるわけではない。短期契約であっても，市場家賃を支払い続けるのであれば，家主からも再契約を望まれ，その繰り返しによって長期に継続居住できるのが一般的である。となれば，あえて

長期契約を結ぶ動機は減退する。

　すなわち，一定の類型の借家人に対して強行規定による中途解約権を認めると，そのような類型に関しては，普通借家契約と同様に，短期契約の締結が奨励されるようになり，そもそも長期契約が締結される余地は縮小すると考えられる。長期契約で，事情変更により建物の使用継続ができなくなったにもかかわらず，残存期間の賃料支払義務を負担させるを得ないため，借家人にとって過酷であるという事態がそもそも生じにくい。長期契約が増大するため，借家人が過酷な事態に陥ることから保護する必要があるし，中途解約権によって安心して長期契約できるようになるという前提とも矛盾してしまう。

　すなわち，改正法第 38 条第 5 項の立法意図は，定期借家で増大する長期契約において一定の類型の借家人が過酷な事態に陥ることから保護し，それによって安心して長期契約できるようにすることであるという解釈は成り立ちにくいのではないかと思われる。

④　第 2 の解釈は，小規模住宅に関しては，そもそも長期契約成立の余地をなくすことによって，借家人が過酷な事態に陥ることを回避しようというものである。

　事業用建物でも，大規模住宅でも，長期契約で建物の継続使用ができなくなったにも拘わらず残り期間の家賃支払い義務負担を免れ得ないというリスクはあるが，前述した理由により，十分な法的判断能力を有するこれらの借家人の関しては自己責任による対処が期待できると考えられる。

　これに対して，小規模住宅の借家人は，経済的な負担能力は高くなく，低所得者である場合も多いと考えられるため，生活基盤としての住居の重要性に鑑みれば，そもそもそのような借家人を保護することは重要とも考えられる。低所得者であれば，恐らく法的判断能力も低いだろうから，事業用建物や大規模住宅の借家人のように，賃借権の譲受人や転貸人を探すことにより事後的に，あるいは中途解約の特約を付すことによ

り事前に回避するという才覚によって，自己責任による長期契約リスクの回避を全面的に期待することは不可能であり，そのリスクを負担させること自体が適切でないと判断したとも推認される。

そうであるとすれば，小規模住宅の借家人には，むしろ長期契約を締結する余地を極力少なくして短期契約を奨励することが，所得や法的判断能力の低い者の保護という観点からも適切であるという立法趣旨であるとも考えられる。

改正法第38条第5項の趣旨を整合的なロジックによって説明するとしたら，小規模住宅の借家人に対して強行規定による中途解約権を認めれば，そもそも長期契約を結ぶ機会は失われるため借家人が過酷な事態に陥ることもなくなるし，そのためにも強行規定による中途解約権を認めたのであると、このような解釈に依らざるを得ないと考えられるのである。

(3) 借家人による中途解約権に係る立法論

しかしながら，立法論としては，改正法第38条第5項の規定は適切でない。

① 小規模住宅においても，借家人が自らのリスク負担を覚悟したうえで，あえて長期契約締結のメリットを得ることを望み，家主も空室リスク回避のためそれを望むというのであれば，それを認めることが適切である。

何故ならば，小規模住宅の借家人に関しては，事業用建物や大規模住宅の借家人とは異なり，経済的能力及び契約に際しての法的判断能力の低い者が相対的に多いとして，これらの者に対しては普通借家では通常想定されない長期契約締結のリスクから保護する必要性があることを仮に認めたとしても，特約によって中途解約を禁止することもできるように，単なる一般規定で中途解約権を認めれば足りるからである。

当事者が納得ずくで望む契約形態を合理的な理由なく禁止すべきでない。

② 前述したように定期借家契約に関しては，改正法第38条第7項によ

る家賃改定特約の規定が設けられたため，長期間借り続けるかわりに家賃総額を大幅ディスカウントするという，借家人にとってもメリットがあり，家主にとっても空室リスクを避けることができる双方の当事者に利益となる契約類型が広く普及していくものと期待される。

　ところが，小規模住宅に限っては，家主にとって長期契約による空室リスクの回避というメリットは縮小した。

　第1に，借家人にとっての「転勤，療養，親族の介護」等の事態がいつ生じるのか，家主があらかじめ確定的に予測することなどできない。例えば，世帯主が転勤のない職場にいるからという理由で持家を取得した世帯であっても，予想外の配置転換や転職によって遠隔地に勤務するため持家を手放さざるを得ない等の事態は日常的に生じ得る。借家人でさえ，「転勤，療養，親族の介護」等の事態がいつ生じるか予測するのは困難なのであって，まして借家人の事情に精通していない家主にとっては予測不可能である。

　第2に，「その他やむを得ない事情」が何を指すかは法文に規定がなく，借家人の個別事情によっては際限なく拡大しかねない。旧法第38条第1項における期限付建物賃貸借についての要件と同様に，民事法研究者による解釈は広範多岐に分かれるだろうし，最終的には裁判によって決せられざるを得ないと考えられる。

　これでは家主が長期契約を結んでも，いつ中途解約されて空室となり家賃収入が途絶えるのか，また新たにテナント探す手間が発生するのかわからない。そのリスクがどの程度の確率で発生するかも事前に予測することはできない。これでは，長期契約を結んだからといって，安定的な家賃収入は保証されない。短期契約に比較し家賃を下げるという動機も生じない。このため，借家人にとっても家賃の支払総額がディスカウントされるというメリットが失われる。

　小規模借家に関しては，「転勤，療養，親族の介護その他のやむを得ない事情」という予測不可能で外縁規定の曖昧な要件によって借家人に

よる中途解約を認めたため，長期契約が結ばれる可能性は縮小したのである。
③　以上に鑑みれば，小規模住宅等の借家人に対しては一般規定によって中途解約権を認めたとしても，借家人・家主双方の合意にもとづいて中途解約を禁止する特約を結んだ場合には，この特約を有効とすることが適切である。

2　普通借家から定期借家への切替え禁止措置（本法律附則第3条）について

(1)　改正法施行日と経過措置について

①　本法律の第5条，附則第2条及び附則第3条の規定の施行日が，2000年3月1日という確定期日とされたのは，次の理由による。すなわち，例年，年度末は，転勤者，新入学生等世帯の移動が活発化し，借家需要が増加する時期であることから，こうした世帯が定期借家制度を選択することが可能となるよう，必要な周知措置を講じた上で，施行日を当該日とすることとされたものである。このため，定期借家制度のメリットをより多くの世帯が享受することが可能となる。

②　定期借家の概念は極めて単純であって，一定の期間の経過後の更新請求権がないということに尽きる。

しかも，本法律附則第2条第1項により，定期借家制度の導入をその内容とする本法律第5条の施行前の建物の賃貸借契約の更新については，「なお従前の例による」として，普通借家の既存借家人は，無条件で，正当事由制度による保護が継続されることが保障されている。

既得権を侵害せず，かつ単純な内容の制度について習知させるには，周知期間は3ヶ月もあれば十分である。これより長期の周知期間をとったからといって国民の理解が一層深まるという性質のものではない。

③　これに加えて，本法律附則第3条の規定により，本法律施行前に締結

された居住用借家契約の当事者が,「その賃貸借を合意により終了させ,引き続き新たに同一の建物を目的とする賃貸借をする場合には,当分の間」定期借家制度は適用しないという経過措置が設けられた。

これは,既存の普通借家契約から定期借家契約への切替えが可能である場合には,定期借家の内容を十分に理解しないまま切替えに応じた借家人が不測の不利益を受ける危険があるので,既存借家人の保護を徹底するため,当分の間,定期借家への切替を認めないこととしたものである。

(2) 切替え禁止措置に係る立法論

しかしながら立法論としては,既存借家でも借家人が希望する場合には定期借家契約への切替えを排除する必要性は認めがたい。

何故ならば,切替えを禁止することで得られる既存の借家人が不測の不利益を受ける危険の回避というメリットは極めて小さく,既存借家人が自ら望む場合に定期借家契約に切り替えることによる利益が得られないというデメリットが遙かに大きいためである。

① 既存借家人が不測の不利益を被る危険性は,あるとしても極めて小さい。何故ならば,既存借家人が,普通借家契約から定期借家契約への切替えを望むのは,家賃が従前よりも安く,かつ,一時金等が返還される場合など十分に利益が大きいと判断した場合であって,書面による事前説明義務など定期借家契約一般に適用される消費者保護の措置をも勘案すれば,借家人がその意に反して定期借家契約に切り替えられて,不測の不利益を被る危険性は著しく縮小し,切替えを禁止するメリットは極めて小さい。

② 一方では,定期借家権の創設に際しては,既存借家人が無条件で正当事由制度による保護を引き続き受けられることは前提条件である。しかしながら,既存借家人であっても,自ら望む者に門戸を閉ざす理由はない。

既存借家人が,従来の正当事由の保護ある借家居住を継続できること

に加えて，定期借家契約に切り替えたうえで継続居住できることは選択肢の純増である。利益の増大こそあれ，これにより不利益を被ることはあり得ない。

既存借家人は，持家居住者に比較すれば，相対的に低所得者である。望む借家に，より低廉な家賃で住むことができる機会を強行規定によって剥奪することは，弱者保護の理念にも大きく反する。

切替えを禁止することで，既存借家人の利益を剥奪するというデメリットは大きい。

③　既存借家人にも定期借家への切替ニーズは存在する。

第1に，正当事由による保護のメリットを感じていない借家人も存在する。毎日新聞アンケート調査結果（1998年2月）によれば，現借家人の43％が借地借家法で保護されていないと考えていた。

第2に，定期借家であれば，家主はより低廉な家賃で貸す。㈶日本住宅総合センター及び㈶アーバンハウジングのアンケート調査（1998年1月）によると，「空き家」である持家所有者が定期借家契約により賃貸した場合は，44％が「維持経費（固定資産税税等）が賄えれば，市場家賃より低くてもよい」としている。

第3に，特に近年は，長引く景気停滞もあり，市場家賃は安定的に推移している。過去数年間に新たに借家に入居した者にとって払い続けてきている家賃は市場家賃水準にある。継続居住の既得権はほとんど発生しておらず，定期借家契約への切替えにより，より低廉な家賃で同じ借家に継続居住するニーズは高いと考えられる。

④　なお，「他に移ればよい」ことを理由とする切替え禁止措置の肯定論があったが根拠がない。そもそも，「定期借家に住みたければ，他に移ればよい」とするのは，既存借家人にも定期借家居住ニーズがあることを認めることであって，「切替えニーズはない」とする立論と矛盾する。また，既存借家人による定期借家契約への切替えを一切禁止することは，低廉な家賃の定期借家に居住したい場合に，新たな借家を探す手間，

第7章 定期借家法の立法論的検討課題

引っ越しの手間，新たな場所で居住する不安等を強制することである。本人が，同じ借家での定期借家居住を望んでいるのに，「他に移ればよい」とするのは，低所得者も多い既存の借家人に，さらなる負担を強制することに他ならない。

⑤ このため，立法論としては，定期借家契約に関しては消費者保護のための十分な措置が講じられていることでもあり，既存の普通借家の借家人に対しても，定期借家への切替えを認めることが適切である。

資　料　集

［資料1］　良質な賃貸住宅等の供給の促進に関する特別措置法
［資料2］　良質な賃貸住宅等の供給の促進に関する特別措置法に対する附帯決議（衆議院）
［資料3］　良質な賃貸住宅等の供給の促進に関する特別措置法に対する附帯決議（参議院）
［資料4］　借地借家法新旧対照条文
［資料5］　借地借家法
［資料6］　民法（抄）
［資料7］　良質な賃貸住宅等の供給の促進に関する特別措置法（概要）
［資料8］　定期借家制度創設の経緯
［資料9］　定期借家研究会

[資料7]

良質な賃貸住宅等の供給の促進に関する特別措置法（概要）

第1 目的（第1条）

この法律は，良質な賃貸住宅等の供給を促進するため，国及び地方公共団体が必要な措置を講ずるよう努めることとするとともに，定期建物賃貸借制度を設け，もって国民生活の安定と福祉の増進に寄与することを目的とすること。

第2 良質な賃貸住宅等の供給の促進（第2条）

(1) 国及び地方公共団体は，適切な規模，性能，居住環境等を有する良質な賃貸住宅等の供給の促進のために必要な措置を講ずるよう努めるものとすること。

(2) 国及び地方公共団体は，賃貸住宅について安全性，耐久性，快適性等の確保に資するため，住宅の性能を表示する制度の普及に努めるものとすること。

第3 住宅に困窮する者のための良質な公共賃貸住宅の供給の促進（第3条）

(1) 国及び地方公共団体は，住宅に困窮する者に対する適切な規模，性能，居住環境等を有する良質な公共賃貸住宅の供給を促進するため，公共賃貸住宅の整備及び改良等に関し必要な措置を講ずるよう努めるものとすること。

(2) 住宅建設計画法による住宅建設5か年計画は，(1)の趣旨を参酌して策定されなければならないものとすること。

(3) 公共賃貸住宅の管理者は，公共賃貸住宅の入居者の選考に当たり，住宅に困窮する者の居住の安定が図られるよう努めるものとすること。

第4 賃貸住宅等に関する情報の提供，相談等の体制の整備（第4条）

[資料7]

　国及び地方公共団体は，良質な賃貸住宅等に対する国民の需要に的確に対応できるよう，賃貸住宅等に関する情報の提供，相談その他の援助を行うために必要な体制の整備に努めるものとすること。

第5　借地借家法の一部改正（第5条）
(1)　定期建物賃貸借制度の創設
① 　期間の定めがある建物の賃貸借をする場合においては，公正証書等の書面によって契約をするときに限り，契約の更新がないこととする旨を定めることができるものとすること。
② 　①の定めをするときは，建物の賃貸人は，あらかじめ建物の賃借人に対し，当該賃貸借は更新がなく，期間の満了により終了する旨を書面を交付して説明しなければならないものとし，その説明をしなかったときは，いわゆる正当事由借家契約となるものとすること。
(2)　期間の満了により建物の賃貸借が終了する旨の通知
　定期建物賃貸借において，期間が1年以上である場合には賃貸人は，期間の満了の1年前から6月前までの間（以下「通知期間」という。）に賃借人に対し期間の満了により賃貸借が終了する旨の通知をしなければ，その終了を賃借人に対抗することができないものとすること。ただし，賃貸人が通知期間の経過後賃借人に対しその旨の通知をした場合においては，その通知の日から6月を経過した後は，この限りでないものとすること。
(3)　借家人の中途解約
　居住の用に供する建物（その床面積が200平方メートル未満のものに限る。）の定期賃貸借において，転勤，療養，親族の介護その他のやむを得ない事情により，賃借人が建物を自己の生活の本拠として使用することが困難となったときは，賃借人は，賃貸借の解約の申入れをすることができるものとすること。この場合，賃貸借は，解約の申入れの日から1月を経過することによって終了するものとすること。

第6　施行期日（附則第1条）
　この法律は，公布の日から施行するものとすること。ただし，借地借家法

改正法は，平成12年3月1日から施行するものとすること。

第7　借地借家法改正法の施行前にされた建物の賃貸借契約の効力（附則第2条）

借地借家法改正法の施行前にされた建物の賃貸借契約の更新に関しては，なお従前の例によるものとすること。

第8　定期建物賃貸借への切替えに関する経過措置（附則第3条）

借地借家法改正法の施行前にされた居住の用に供する建物の賃貸借の当事者が，その賃貸借を合意により終了させ，引き続き新たに同一の建物を目的とする賃貸借をするときは，当分の間，定期建物賃貸借制度は適用されないものとすること。

第9　検討（附則第4条）

国は，この法律の施行後4年を目途として，居住の用に供する建物の賃貸借の在り方について見直しを行うとともに，この法律の施行の状況について検討を加え，その結果に基づいて必要な措置を講ずるものとすること。

[資料8]

定期借家制度創設の経緯

1995年3月	政府「規制緩和推進計画」閣議決定 「定期借家権とでもいうべきものを含め検討する」
1995年6月	住宅宅地審議会答申 「定期借家権について検討を進めていくべきである。」
1997年3月	政府「規制緩和推進計画の再改定について」閣議決定 「良好な借地・借家の供給促進を図るため，いわゆる定期借家権を含めて検討する」
1997年6月	法務省民事局「借家制度等に関する論点」公表
1997年9月	自由民主党「定期借家権等に関する特別調査会」(保岡興治会長)発足 「借地借家法改正の基本的枠組み」提示
1997年11月	政府「21世紀を切りひらく緊急経済対策」閣議決定 「良質の賃貸住宅の供給を促進する観点から，定期借家権の導入を促進する。」
1997年12月	法務省民事局「借家制度等に関する論点に対する意見照会の結果等について」公表
1997年12月	自由民主党「定期借家権等に関する特別調査会」中間報告とりまとめ 「定期借家権の創設に関する論点」公表
1998年1月	「与党定期借家権に関する協議会」(保岡興治座長)協議開始
1998年4月	「与党定期借家権に関する協議会・最終合意メモ」公表
1998年5月	自由民主党「定期借家権等に関する特別調査会」最終取りまとめ「定期借家権の創設について」公表
1998年6月	自由民主党，社会民主党，新党さきがけ及び自由党の4党の議員提案による「借地借家法の一部を改正する法律案」国会(衆議院)へ提出，継続審議へ

1998年 8月	住宅宅地審議会住宅部会基本問題小委員会中間報告「今後の賃貸住宅政策の方向について」公表
1998年11月	政府「緊急経済対策」経済対策閣僚会議決定「定期借家権の導入促進」
1999年 1月	政府「生活空間倍増戦略プラン」閣議決定「定期借家権の導入促進」
1999年 2月	経済戦略会議「日本経済再生への戦略」最終報告「早急に定期借家権を導入すべき」
1999年 6月	政府「緊急雇用対策及び産業競争力強化対策について」産業構造転換・雇用対策本部決定「定期借家制度の創設を内容とする「借地借家法の一部を改正する法律案」の早期成立を図る。」
1999年 7月	自由民主党，自由党及び公明党の3党の議員提案による「良質な賃貸住宅等の供給の促進に関する特別措置法案」国会（衆議院）へ提出
1999年 8月	「借地借家法の一部を改正する法律案」審議未了
1999年12月	「良質な賃貸住宅等の供給の促進に関する特別措置法」成立

[資料9]

定期借家研究会
（会長：田中　啓一）

（氏名五十音順）

青山　貞一
　　　（環境総合研究所代表取締役）
浅田　義久
　　　（文理情報短期大学講師・経済学）
浅見　泰司
　　　（東京大学助教授・都市工学）
阿部　泰隆（神戸大学教授・行政法）
安念　潤司（成蹊大学教授・憲法）
池田こみち
　　　（環境総合研究所常務取締役）
井出多加子（成蹊大学助教授・経済学）
伊藤　滋
　　　（慶應義塾大学教授・都市工学）
井堀　利宏（東京大学教授・経済学）
上原由起夫（国士舘大学教授・民法）
鵜野　和夫（不動産鑑定士・税理士）
梅本　吉彦
　　　（専修大学教授・民事訴訟法）
金本　良嗣（東京大学教授・経済学）
北村　喜宣
　　　（横浜国立大学助教授・行政法）
隈　研吾（建築家）
熊田　禎宣
　　　（東京工業大学教授・社会工学）
久米　良昭（那須大学教授・都市工学）
紺谷　典子
　　　（日本証券研究所主任研究員）
沢木　俊岡
　　　（社会空間研究所代表取締役）
瀬下　博之（専修大学助教授・経済学）
武田　公夫
　　　（明海大学教授・不動産評価論）
田中　一行（成蹊大学教授・経済学）
田中　啓一（日本大学教授・財政学）
玉井　克哉
　　　（東京大学教授・知的財産法・行政法）
常木　淳（大阪大学助教授・経済学）
東松　文雄（弁護士）
中野　英夫（専修大学助教授・経済学）
西村　清彦（東京大学教授・経済学）
野口悠紀雄（東京大学教授・経済学）
野村　好弘（東京都立大学教授・民法）
長谷川逸子（建築家）
八田　達夫（東京大学教授・経済学）
原科　幸彦
　　　（東京工業大学教授・社会工学）
日引　聡（国立環境研究所主任研究員
　　　・東京工業大学助教授・経済学）
福井　秀夫（法政大学教授・行政法）
福島　隆司
　　　（東京都立大学教授・経済学）
丸山　英気（千葉大学教授・民法）
宮尾　尊弘（国際大学教授・経済学）
森反　章夫
　　　（東京経済大学助教授・社会学）
八代　尚宏（上智大学教授・経済学）
山崎　福寿（上智大学教授・経済学）
吉田　修平（弁護士）

178

[資料1]

良質な賃貸住宅等の供給の促進に関する特別措置法（平成十一年法律第百五十三号）

（目的）

第一条　この法律は、良質な賃貸住宅等（賃貸住宅その他賃貸の用に供する建物をいう。以下同じ。）の供給を促進するため、国及び地方公共団体が必要な措置を講ずるよう努めることとするとともに、定期建物賃貸借制度を設け、もって国民生活の安定と福祉の増進に寄与することを目的とする。

（良質な賃貸住宅等の供給の促進）

第二条　国及び地方公共団体は、適切な規模、性能、居住環境等を有する良質な賃貸住宅等の供給の促進のために必要な措置を講ずるよう努めるものとする。

２　国及び地方公共団体は、賃貸住宅について安全性、耐久性、快適性等の確保に資するため、住宅の性能を表示する制度の普及に努めるものとする。

（住宅困窮者のための良質な公共賃貸住宅の供給の促進）

第三条　国及び地方公共団体は、住宅に困窮する者に対する適切な規模、性能、居住環境等を有する良質な公共賃貸住宅（地方公共団体、都市基盤整備公団又は地方住宅供給公社が整備する賃貸住宅をいう。以下この条において同じ。）の供給を促進するため、公共賃貸住宅の整備及び改良等に関し必要な措置を講ずるよう努めるものとする。

２　住宅建設計画法（昭和四十一年法律第百号）第四条第一項に規定する住宅建設五箇年計画は、前項の趣旨を参酌して策定されなければならない。

３　公共賃貸住宅の管理者は、公共賃貸住宅の入居者の選考に当たり、住宅に困窮する者の居住の安定が図られるよう努めるものとする。

（賃貸住宅等に関する情報の提供、相談等の体制の整備）

第四条　国及び地方公共団体は、良質な賃貸住宅等に対する国民の需要に的確に対応できるよう、賃貸住宅等に関する情報の提供、相談その他の援助を行う

[資料1]

ために必要な体制の整備に努めるものとする。

（借地借家法の一部改正）

第五条　借地借家法（平成三年法律第九十号）の一部を次のように改正する。

目次中「期限付建物賃貸借」を「定期建物賃貸借等」に改める。

第二十三条に次の一項を加える。

3　第一項の特約がある場合において、借地権者又は建物の賃借人と借地権設定者との間でその建物につき第三十八条第一項の規定による賃貸借契約をしたときは、前項の規定にかかわらず、その定めに従う。

第二十九条に次の一項を加える。

2　民法第六百四条の規定は、建物の賃貸借については、適用しない。

「第三節　期限付建物賃貸借」を「第三節　定期建物賃貸借等」に改める。

第三十八条を次のように改める。

（定期建物賃貸借）

第三十八条　期間の定めがある建物の賃貸借をする場合においては、公正証書による等書面によって契約をするときに限り、第三十条の規定にかかわらず、契約の更新がないこととする旨を定めることができる。この場合には、第二十九条第一項の規定を適用しない。

2　前項の規定による建物の賃貸借をしようとするときは、建物の賃貸人は、あらかじめ、建物の賃借人に対し、同項の規定による建物の賃貸借は契約の更新がなく、期間の満了により当該建物の賃貸借が終了することについて、その旨を記載した書面を交付して説明しなければならない。

3　建物の賃貸人が前項の規定による説明をしなかったときは、契約の更新がないこととする旨の定めは、無効とする。

4　第一項の規定による建物の賃貸借において、期間が一年以上である場合には、建物の賃貸人は、期間の満了の一年前から六月前までの間（以下この項において「通知期間」という。）に建物の賃借人に対し期間の満了により建物の賃貸借が終了する旨の通知をしなければ、その終了を建物の賃借人に対抗することができない。ただし、建物の賃貸人が通知期間の経過後建物の賃借人に対しその旨の通知をした

良質な賃貸住宅等の供給の促進に関する特別措置法

場合においては、その通知の日から六月を経過した後は、この限りでない。

5　第一項の規定による居住の用に供する建物の賃貸借（床面積（建物の一部分を賃貸借の目的とする場合にあっては、当該一部分の床面積）が二百平方メートル未満の建物に係るものに限る。）において、転勤、療養、親族の介護その他のやむを得ない事情により、建物の賃借人が建物を自己の生活の本拠として使用することが困難となったときは、建物の賃借人は、建物の賃貸借の解約の申入れをすることができる。この場合においては、建物の賃貸借は、解約の申入れの日から一月を経過することによって終了する。

6　前二項の規定に反する特約で建物の賃借人に不利なものは、無効とする。

7　第三十二条の規定は、第一項の規定による建物の賃貸借において、借賃の改定に係る特約がある場合には、適用しない。

附　則

（施行期日）
第一条　この法律は、公布の日から施行する。ただし、第五条、次条及び附則第三条の規定は、平成十二年三月一日から施行する。

（借地借家法の一部改正に伴う経過措置）
第二条　第五条の規定の施行前にされた建物の賃貸借契約の更新に関しては、なお従前の例による。

2　第五条の規定の施行前にされた建物の賃貸借契約であって同条の規定による改正前の借地借家法（以下「旧法」という。）第三十八条第一項の定めがあるものについての賃借権の設定又は賃借物の転貸の登記に関しては、なお従前の例による。

第三条　第五条の規定の施行前にされた居住の用に供する建物の賃貸借（旧法第三十八条第一項の規定による賃貸借を除く。）の当事者が、その賃貸借を合意により終了させ、引き続き新たに同一の建物を目的とする賃貸借をする場合には、当分の間、第五条の規定による改正後の借地借家法第三十八条の規定は、適用しない。

［資料1］

（検討）
第四条 国は、この法律の施行後四年を目途として、居住の用に供する建物の賃貸借の在り方について見直しを行うとともに、この法律の施行の状況について検討を加え、その結果に基づいて必要な措置を講ずるものとする。

[資料2]

良質な賃貸住宅等の供給の促進に関する特別措置法に対する附帯決議

一九九九年十一月二十四日　衆議院建設委員会

良質な賃貸住宅等の供給の促進に関する特別措置法案に対する附帯決議（衆議院）

政府は、本法の施行に当たっては、次の点に留意し、その運用に遺憾なきを期すべきである。

一　住宅は国民生活を支える基本的な基盤であり、保する上で重要であることに鑑み、国民の価値観や家族形態の多様化等に対応した良好で多様な居住を実現する住宅政策を通じて国民生活の安定と福祉の増進に寄与できるよう努めること。

二　高齢者その他の住宅に困窮する者をはじめ国民の居住の安定が図られるよう、公営住宅、公団住宅等公共賃貸住宅の計画的整備、高齢者向け賃貸住宅の供給のための制度の整備等により、国民の住宅セーフティネットの構築に努めること。

三　良質な賃貸住宅の供給促進に必要な措置をとるとともに、住宅の居住性等に関する指針となる水準と目標を定め、その達成に努めること。

四　住宅性能表示については、その普及を図るとともに、性能表示に関する業務の公正かつ適確な実施を確保するため、万全の施策を講ずること。

[資料２]

五　賃貸住宅等に関する情報提供体制の充実及び相談体制の整備を図るため、地方公共団体における公共賃貸住宅の事業主体間での連携が図られるよう努めるとともに、民間賃貸住宅管理業界との連携を密にすること。

六　賃借人の賃貸住宅に関する情報入手の円滑化を図るため、地方公共団体において、公共賃貸住宅の募集情報の総合的提供体制の整備を図るとともに、民間賃貸住宅情報提供機関等の紹介等が行われるよう努めること。

七　賃貸人及び賃借人双方に対する相談・調整体制及び紛争処理体制の一層の充実を図るため、国民生活センター、地方公共団体の住宅相談窓口、法律相談窓口、消費者センター等における対応の強化について指導するとともに、借家相談マニュアル等の参考資料を作成し、相談機能の充実及び紛争処理の円滑化を図ること。

八　借家制度が国民の多くの世帯と関連を持ち、かつ、生活基盤たる住宅や事業所にかかわる重要な制度であることに鑑み、借地借家法の改正についての国民の理解を深めるため、借地借家法及び今回の改正内容の周知徹底を図ること。
　特に、今回の改正は既存の建物賃貸借契約の更新には適用されないこと、また、定期建物賃貸借制度は、居住の用に供する建物に関し既になされた賃貸借に対しては、当該賃貸借を合意終了したとしても、当分の間、適用されないことを、あらゆる方法を通じて周知徹底させ、国民の住宅に対する不安の解消に努力すること。

九　賃貸人の居住の安定化の観点から、当該賃貸住宅を取得しやすくするため、賃貸人による賃借人に対する当該住宅の売却情報の優先的提供に関する契約の在り方について検討すること。

(6)

[資料3]

良質な賃貸住宅等の供給の促進に関する特別措置法案に対する附帯決議（参議院）

良質な賃貸住宅等の供給の促進に関する特別措置法に対する附帯決議

一九九九年一二月七日　参議院国土・環境委員会

政府は、本法の施行に当たり、次の諸点について適切な措置を講じ、その運用に遺憾なきを期すべきである。

一　賃貸住宅、特に民間賃貸住宅水準が、持家の居住水準と較べて低水準にとどまっていることにかんがみ、その水準を向上させるため、国は、財政、税制及び政策金融の分野において、これまで以上に賃貸住宅に配慮した施策を展開すること。

二　本法の趣旨を広く国民に周知させるための広報活動を積極的に行うこと。
特に、定期建物賃貸借については、契約終了時に紛争が生じることのないよう、①既存の建物賃貸借契約の更新には適用されないこと、②賃借人に対する書面の交付・説明義務を果たさなければ更新しない旨の特約は無効であること等、その内容に関してあらゆる方法を通じて十分な周知徹底を早急に実施すること。

三　本法は良質な賃貸住宅等の供給を促進を図ることを目的としたものであり、これによって賃借人の居住の安定が阻害されるようなことは意図したものではないことについて、国、地方公共団体等において賃貸人、宅地建物取引業者及び賃貸住宅管理業者に対する意識喚起のための方策がとられるように努めること。

四　住宅建設五箇年計画の策定に当たっては、公共賃貸住宅や政策的融資に係る賃貸住宅について具体的な居住

(7)

[資料3]

水準目標等を設定し、その計画的な達成に努めるなど、良質な賃貸住宅の供給の促進に関する実効性が十分確保されるようにすること。

五 住宅性能表示制度の普及を図り、賃貸住宅の性能評価が促進されるよう適切な方策を講ずるとともに、賃借人が賃貸借契約前に当該賃貸借建物の性能について知ることができるよう、性能表示住宅については、その住宅性能を宅地建物取引業法上説明すべき重要事項として追加することを検討する等、所要の措置を講ずること。

六 賃借人が賃貸住宅の選択に際して的確な判断ができるよう、従前の建物賃貸借か定期建物賃貸借かの種別、家賃、住宅性能に関する情報等の提供や、各種の相談が可能となる体制の総合的整備を図り、その充実に努めること。
そのため、国、地方公共団体、公共賃貸住宅の管理者、宅地建物取引業界等相互間における効果的連携がなされるよう、適切な措置を講じること。

七 定期建物賃貸借制度の導入に当たっては、紛争の発生を未然に防止するため、国の主導により標準約款等を作成するとともに、賃借人に対する書面の交付・説明義務に関して、その事実を証明する書類を契約書に添付することや宅地建物取引業法上説明すべき重要事項として追加すること等について検討を行うなど、居住用借家や小規模営業用借家の賃借人などが不当な不利益を受けることがないよう、万全の措置を講ずること。

八 建物賃貸借に伴う紛争の早期円満解決に資するため、国民生活センター、地方公共団体の住宅相談窓口、法律相談窓口、消費者センター等における対応を強化するとともに、これらの利用が容易にできるようにし、さらに、受け付けた相談等の内容について整理・分析して、可能な限り公表するよう、適切な指導を行うこと。

(8)

良質な賃貸住宅等の供給の促進に関する特別措置法案に対する附帯決議（参議院）

また、売買、賃貸借、住宅性能表示、マンション管理などの不動産に係る紛争について、その早期、適切な解決が図られるよう、あっせん、調停、仲裁等を行うための総合的な紛争処理機関の在り方について今後検討すること。

九　低所得高齢者、障害者、病気入院者などが定期建物賃貸借等において不当な差別を受けることがないよう、指導、啓蒙等特段の配慮をするとともに、公共賃貸住宅においては、これらの者の入居がより容易になるような制度運用を図ること。

十　賃貸人が当該賃貸住宅を処分しようとする場合には、賃借人が当該賃貸住宅を取得しその居住の安定化を図る見地から、賃借人に対する優先的な売却情報の提供に関する契約の在り方について検討すること。

十一　法の施行後四年目を目途とする建物賃貸借の在り方の見直し等に資するため、国は、本法第二条から第四条の定める国、地方公共団体等の責務に基づいて具体的にとった措置についてとりまとめを行うとともに、関係機関が受け付けた相談・苦情や紛争処理に関する内容の分析結果を収集するなど、居住の用に供する建物賃貸借等の実態について詳細な状況把握に努め、これらに関し定期的に公表すること。

右決議する。

[資料4]

借地借家法新旧対照条文（丸文字部分は改正部分）

改正法	旧法
（建物譲渡特約付借地権） **第二十三条** 借地権を設定する場合においては、第九条の規定にかかわらず、借地権を消滅させるため、その設定後三十年以上を経過した日に借地権の目的である土地の上の建物を借地権設定者に相当の対価で譲渡する旨を定めることができる。 2 前項の特約により借地権が消滅した場合において、その借地権者又は建物の賃借人でその消滅後建物の使用を継続しているものが請求をしたときは、請求の時にその建物につきその借地権者又は建物の賃借人と借地権設定者との間で期間の定めのない賃貸借（借地権者が請求をした場合において、借地権の残存期間があるときは、その残存期間を存続期間とする賃貸借）がされたものとみなす。この場合において、建物の借賃は、当事者の請求により、裁判所が定める。	（建物譲渡特約付借地権） **第二十三条** 借地権を設定する場合においては、第九条の規定にかかわらず、借地権を消滅させるため、その設定後三十年以上を経過した日に借地権の目的である土地の上の建物を借地権設定者に相当の対価で譲渡する旨を定めることができる。 2 前項の特約により借地権が消滅した場合において、その借地権者又は建物の賃借人でその消滅後建物の使用を継続しているものが請求をしたときは、請求の時にその建物につきその借地権者又は建物の賃借人と借地権設定者との間で期間の定めのない賃貸借（借地権者が請求をした場合において、借地権の残存期間があるときは、その残存期間を存続期間とする賃貸借）がされたものとみなす。この場合において、建物の借賃は、当事者の請求により、裁判所が定める。

旧	新
3　第一項の特約がある場合において、借地権者又は建物の賃借人と借地権設定者との間でその建物につき第三十八条第一項の規定による賃貸借契約をしたときは、前項の規定にかかわらず、その定めに従う。 （建物賃貸借の期間） 第二十九条　期間を一年未満とする建物の賃貸借は、期間の定めがない建物の賃貸借とみなす。 2　民法第六百四条の規定は、建物の賃貸借については、適用しない。 第三節　定期建物賃貸借等 （定期建物賃貸借） 第三十八条　期間の定めがある建物の賃貸借をする場合においては、公正証書による等書面によって契約をするときに限り、第三十条の規定にかかわらず、契約の更新がないこととする旨を定めることができる。この場合には、第二十九条第一項の規定を適用	（建物賃貸借の期間） 第二十九条　期間を一年未満とする建物の賃貸借は、期間の定めがない建物の賃貸借とみなす。 第三節　期限付建物賃貸借 （賃貸人の不在期間の建物賃貸借） 第三十八条　転勤、療養、親族の介護その他のやむを得ない事情により、建物を一定の期間自己の生活の本拠として使用することが困難であり、かつ、その期間の経過後はその本拠として使用することとなることが明らかな場合において、建物の賃貸借をする

(11)

[資料4]

改正法	旧法
しない。 2　前項の規定による建物の賃貸借をしようとするときは、建物の賃貸人は、あらかじめ、建物の賃借人に対し、同項の規定による建物の賃貸借は契約の更新がなく、期間の満了により当該建物の賃貸借は終了することについて、その旨を記載した書面を交付して説明しなければならない。 3　建物の賃貸人が前項の規定による説明をしなかったときは、契約の更新がないこととする旨の定めは、無効とする。 4　第一項の規定による建物の賃貸借において、期間が一年以上である場合には、建物の賃貸人は、期間の満了の一年前から六月前までの間（以下この項において「通知期間」という。）に建物の賃借人に対し期間の満了により建物の賃貸借が終了する旨の通知をしなければ、その終了を建物の賃借人に対抗することができない。ただし、建物の賃貸人が通知期間の経過後建物の賃借人に対しその旨の通知をした場合においては、その通知の日から六月を経過した	ときは、その一定の期間を建物の賃貸借の期間とする場合に限り、第三十条の規定にかかわらず、契約の更新がないこととする旨を定めることができる。この場合には、第二十九条の規定を適用しない。 2　前項の特約は、同項のやむを得ない事情を記載した書面によってしなければならない。

(12)

5　第一項の規定による居住の用に供する建物の賃貸借（床面積（建物の一部分を賃貸借の目的とする場合にあっては、当該一部分の床面積）が二百平方メートル未満の建物に係るものに限る。）において、転勤、療養、親族の介護その他のやむを得ない事情により、建物の賃借人が建物を自己の生活の本拠として使用することが困難となったときは、建物の賃借人は、建物の賃貸借の解約の申入れをすることができる。この場合においては、建物の賃貸借は、解約の申入れの日から一月を経過することによって終了する。

6　前二項の規定に反する特約で建物の賃借人に不利なものは、無効とする。

7　第三十二条の規定は、第一項の規定による建物の賃貸借において、借賃の改定に係る特約がある場合には、適用しない。

後は、この限りでない。

[資料5]

借地借家法
（平成三年法律第九十号）
最終改正、平成十一年法律第百五十三号

第一章　総則

第一条（趣旨） この法律は、建物の所有を目的とする地上権及び土地の賃借権の存続期間、効力等並びに建物の賃貸借の契約の更新、効力等に関し特別の定めをするとともに、借地条件の変更等の裁判手続に関し必要な事項を定めるものとする。

第二条（定義） この法律において、次の各号に掲げる用語の意義は、当該各号に定めるところによる。

一　借地権　建物の所有を目的とする地上権又は土地の賃借権をいう。

二　借地権者　借地権を有する者をいう。

三　借地権設定者　借地権者に対して借地権を設定している者をいう。

四　転借地権　建物の所有を目的とする土地の賃借権で借地権者が設定しているものをいう。

五　転借地権者　転借地権を有する者をいう。

第二章　借地

第一節　借地権の存続期間等

第三条（借地権の存続期間） 借地権の存続期間は、三十年とする。ただし、契約でこれより長い期間を定めたときは、その期間とする。

第四条（借地権の更新後の期間） 当事者が借地契約を更新する場合においては、その期間は、更新の日から十年（借地権の設定後の最初の更新にあっては、二十年）とする。ただし、当事者がこれより長い期間を定めたときは、その期間とする。

第五条（借地契約の更新請求等） 借地権の存続期間が満了する場合において、借地権者が契約の更新を請求したときは、建物がある場合に限り、前条の規定によるもののほか、従前の契約と同一の条件で契約を更新したものとみなす。ただし、借地権設定者が遅滞なく異議を述べたときは、この限りでない。

2　借地権の存続期間が満了した後、借地権者が土地の使用を継続するときも、建物がある場合に限り、

(14)

借地借家法

3 転借地権が設定されている場合においては、転借地権者がする土地の使用の継続を借地権者がする土地の使用の継続とみなして、借地権設定者と借地権者との間について前項の規定を適用する。

第六条（借地契約の更新拒絶の要件） 前条の異議は、借地権設定者及び借地権者（転借地権者を含む。以下この条において同じ。）が土地の使用を必要とする事情のほか、借地に関する従前の経過及び土地の利用状況並びに借地権設定者が土地の明渡しと引換えに又は土地の明渡しに対して財産上の給付をする旨の申出をした場合におけるその申出を考慮して、正当の事由があると認められる場合でなければ、述べることができない。

第七条（建物の再築による借地権の期間の延長） 借地権の存続期間が満了する前に建物の滅失（借地権者又は転借地権者による取壊しを含む。以下同じ。）があった場合において、借地権者が残存期間を超えて存続すべき建物を築造したときは、その建物を築造するにつき借地権設定者の承諾がある場合に限り、借地権は、承諾があった日又は建物が築造された日のいずれか早い日から二十年間存続する。ただし、残存期間がこれより長いとき、又は当事者がこれより長い期間を定めたときは、その期間による。

2 借地権者が借地権設定者に対し残存期間を超えて存続すべき建物を新たに築造する旨の通知した場合において、借地権設定者がその通知を受けた後二月以内に異議を述べなかったときは、その建物を築造するにつき前項の借地権設定者の承諾があったものとみなす。ただし、契約の更新の後に借地権設定者の承諾により借地権の存続期間が延長された場合又は次条第一項若しくは第十八条において準用する場合を含む。）に通知があった場合においては、この限りでない。

3 転借地権が設定されている場合においては、転借地権者がする建物の築造を借地権者がする建物の築造とみなして、借地権設定者と借地権者との間について第一項の規定を適用する。

第八条（借地契約の更新後の建物の滅失による解約等） 契約の更新の後に建物の滅失があった場合においては、借地権者は、地上権の放棄又は土地の賃

[資料5]

貸借の解約の申入れをすることができる。

2　前項に規定する場合において、借地権設定者の承諾を得ないで残存期間を超えて存続すべき建物を築造したときは、借地権設定者は、地上権の消滅の請求又は土地の賃貸借の解約の申入れをすることができる。

3　前二項の場合においては、借地権は、地上権の放棄若しくは消滅の請求又は土地の賃貸借の解約の申入れがあった日から三月を経過することによって消滅する。

4　第一項に規定する地上権の放棄又は土地の賃貸借の解約の申入れをする権利は、第二項に規定する地上権の消滅の請求又は土地の賃貸借の解約の申入れをする権利を制限する場合に限り、制限することができる。

5　転借地権が設定されている場合においては、転借地権者がする建物の築造を借地権者がする建物の築造とみなして、借地権者と借地権設定者との間について第二項の規定を適用する。

第九条　（強行規定）　この節の規定に反する特約で借地権者に不利なものは、無効とする。

第二節　借地権の効力

第十条　（借地権の対抗力等）　借地権は、その登記がなくても、土地の上に借地権者が登記されている建物を所有するときは、これをもって第三者に対抗することができる。

2　前項の場合において、建物の滅失があっても、借地権者が、その建物を特定するために必要な事項、その滅失があった日及び建物を新たに築造する旨を土地の上の見やすい場所に掲示するときは、借地権は、なお同項の効力を有する。ただし、建物の滅失があった日から二年を経過した後にあっては、その前に建物を新たに築造し、かつ、その建物につき登記した場合に限る。

3　民法（明治二十九年法律第八十九号）第五百六十六条第一項及び第三項の規定は、前二項の規定により第三者に対抗することができる借地権の目的である土地が売買の目的物である場合に準用する。

4　民法第五百三十三条の規定は、前項の場合に準用する。

第十一条　（地代等増減請求権）　地代又は土地の借賃

借地借家法

（以下この条及び次条において「地代等」という。）が、土地に対する租税その他の公課の増減により、土地の価格の上昇若しくは低下その他の経済事情の変動により、又は近傍類似の土地の地代等に比較して不相当となったときは、契約の条件にかかわらず、当事者は、将来に向かって地代等の額の増減を請求することができる。ただし、一定の期間地代等を増額しない旨の特約がある場合には、その定めに従う。

2　地代等の増額について当事者間に協議が調わないときは、その請求を受けた者は、増額を正当とする裁判が確定するまでは、相当と認める額の地代等を支払うことをもって足りる。ただし、その裁判が確定した場合において、既に支払った額に不足があるときは、その不足額に年一割の割合による支払期後の利息を付してこれを支払わなければならない。

3　地代等の減額について当事者間に協議が調わないときは、その請求を受けた者は、減額を正当とする裁判が確定するまでは、相当と認める額の地代等の支払を請求することができる。ただし、その裁判が確定した場合において、既に支払を受けた額が正当とされた地代等の額を超えるときは、その超過額に年一割の割合による受領の時からの利息を付してこれを返還しなければならない。

第十二条（借地権設定者の先取特権）　借地権設定者は、弁済期の到来した最後の二年分の地代等について、借地権者がその土地において所有する建物の上に先取特権を有する。

2　前項の先取特権は、地上権又は土地の賃貸借の登記をすることによって、その効力を保存する。

3　第一項の先取特権は、他の権利に対して優先する効力を有する。ただし、共益費用、不動産保存及び不動産工事の先取特権並びに地上権又は土地の賃貸借の登記より前に登記された質権及び抵当権には後れる。

4　前三項の規定は、転借地権者がその土地において所有する建物について準用する。

第十三条（建物買取請求権）　借地権の存続期間が満了した場合において、契約の更新がないときは、借地権者は、借地権設定者に対し、建物その他借地権者が権原により土地に附属させた物を時価で買い取るべきことを請求することができる。

(17)

2　前項の場合において、建物が借地権の存続期間が満了する前に借地権設定者の承諾を得ないで残存期間を超えて存続すべきものとして新たに築造されたものであるときは、裁判所は、借地権設定者の請求により、代金の全部又は一部の支払につき相当の期限を許与することができる。

3　前二項の規定は、借地権の存続期間が満了した場合における転借地権者と借地権設定者との間について準用する。

第十四条（第三者の建物買取請求権）　第三者が賃借権の目的である土地の上の建物その他借地権者が権原によって土地に附属させた物を取得した場合において、借地権設定者が賃借権の譲渡又は転貸を承諾しないときは、その第三者は、借地権設定者に対し、建物その他借地権者が権原によって土地に附属させた物を時価で買い取るべきことを請求することができる。

第十五条（自己借地権）　借地権を設定する場合においては、他の者と共に有することとなるときに限り、借地権設定者が自らその借地権を有することを妨げない。

2　借地権が借地権設定者に帰した場合であっても、他の者と共にその借地権を有するときは、その借地権は、消滅しない。

第十六条（強行規定）　第十条、第十三条及び第十四条の規定に反する特約で借地権者又は転借地権者に不利なものは、無効とする。

第三節　借地条件の変更等

第十七条（借地条件の変更及び増改築の許可）　建物の種類、構造、規模又は用途を制限する旨の借地条件がある場合において、法令による土地利用の規制の変更、付近の土地の利用状況の変化その他の事情の変更により現に借地権を設定するにおいてはその借地条件と異なる建物の所有を目的とすることが相当であるにもかかわらず、借地条件の変更につき当事者間に協議が調わないときは、裁判所は、当事者の申立てにより、その借地条件を変更することができる。

2　増改築を制限する旨の借地条件がある場合において、土地の通常の利用上相当とすべき増改築につき当事者間に協議が調わないときは、裁判所は、借地

(18)

権者の申立てにより、その増改築についての借地権設定者の承諾に代わる許可を与えることができる。

3 裁判所は、前二項の裁判をする場合において、当事者間の利益の衡平を図るため必要があるときは、他の借地条件を変更し、財産上の給付を命じ、その他相当の処分をすることができる。

4 裁判所は、前三項の裁判をするには、借地権の残存期間、土地の状況、借地に関する従前の経過その他一切の事情を考慮しなければならない。

5 転借地権が設定されている場合において、必要があるときは、裁判所は、転借地権者の申立てにより、転借地権とともに借地権につき第一項から第三項までの裁判をすることができる。

6 裁判所は、特に必要がないと認める場合を除き、第一項から第三項までの裁判をする前に鑑定委員会の意見を聴かなければならない。

第十八条（借地契約の更新後の建物の再築の許可）契約の更新の後において、借地権者が残存すべき期間を超えて存続すべき建物を新たに築造することにつきやむを得ない事情があるにもかかわらず、借地権設定者がその建物の築造を承諾しないときは、借地権設

定者が地上権の消滅の請求又は土地の賃貸借の解約の申入れをすることができない旨を定めた場合を除き、裁判所は、借地権者の申立てにより、借地権設定者の承諾に代わる許可を与えることができる。この場合において、当事者間の利益の衡平を図るため必要があるときは、延長すべき借地権の期間として第七条第一項の規定による期間と異なる期間を定め、他の借地条件を変更し、財産上の給付を命じ、その他相当の処分をすることができる。

2 裁判所は、前項の裁判をするには、建物の状況、建物の滅失があった場合には滅失に至った事情、借地に関する従前の経過、借地権設定者及び借地権者（転借地権者を含む。）が土地の使用を必要とする事情その他一切の事情を考慮しなければならない。

3 前条第五項及び第六項の規定は、第一項の裁判をする場合に準用する。

第十九条（土地の賃借権の譲渡又は転貸の許可）借地権者が賃借権の目的である土地の上の建物を第三者に譲渡しようとする場合において、その第三者が賃借権を取得し、又は転借をしても借地権設定者に不利となるおそれがないにもかかわらず、借地権設

定者がその賃借権の譲渡又は転貸を承諾しないときは、裁判所は、借地権者の申立てにより、借地権設定者の承諾に代わる許可を与えることができる。この場合において、当事者間の利益の衡平を図るため必要があるときは、賃借権の譲渡若しくは転貸を条件とする借地条件の変更を命じ、又はその許可を財産上の給付に係らしめることができる。

2 裁判所は、前項の裁判をするには、賃借権の残存期間、借地に関する従前の経過、賃借権の譲渡又は転貸を必要とする事情その他一切の事情を考慮しなければならない。

3 第一項の申立てがあった場合において、裁判所が定める期間内に借地権設定者が自ら建物の譲渡及び賃借権の譲渡又は転貸を受ける旨の申立てをしたときは、裁判所は、同項の規定にかかわらず、相当の対価及び転貸の条件を定めて、これを命ずることができる。この裁判においては、当事者双方に対し、その義務を同時に履行すべきことを命ずることができる。

4 前項の申立ては、第一項の申立てが取り下げられたとき、又は不適法として却下されたときは、その効力を失う。

5 第三項の裁判があった後は、第一項又は第三項の申立ては、当事者の合意がある場合でなければ取り下げることができない。

6 裁判所は、特に必要がないと認める場合を除き、第一項又は第三項の裁判をする前に鑑定委員会の意見を聴かなければならない。

7 前各項の規定は、転借地権が設定されている場合における転借地権者と借地権設定者との間について準用する。ただし、借地権設定者が第三項の申立てをするには、借地権者の承諾を得なければならない。

第二十条（建物競売等の場合における土地の賃借権の譲渡の許可） 第三者が賃借権の目的である土地の上の建物を競売又は公売により取得した場合において、その第三者が賃借権を取得しても借地権設定者に不利となるおそれがないにもかかわらず、借地権設定者がその賃借権の譲渡を承諾しないときは、裁判所は、その第三者の申立てにより、借地権設定者の承諾に代わる許可を与えることができる。この場合において、当事者間の利益の衡平を図るため必要があるときは、借地条件を変更し、又は財産上の給

借地借家法

付を命ずることができる。
2 前条第二項から第六項までの規定は、前項の申立てがあった場合に準用する。
3 第一項の申立ては、建物の代金を支払った後二月以内に限り、することができる。
4 民事調停法（昭和二十六年法律第二百二十二号）第十九条の規定は、同条に規定する期間内に第一項の申立てをした場合に準用する。
5 前各項の規定は、転借地権者が公売又は競売により建物を取得した第三者と借地権設定者との間について準用する。ただし、借地権設定者が第二項において準用する前条第三項の申立てをするには、借地権者の承諾を得なければならない。

第二十一条（強行規定）　第十七条から第十九条までの規定に反する特約で借地権者又は転借地権者に不利なものは、無効とする。

第四節　定期借地権等

第二十二条（定期借地権）　存続期間を五十年以上として借地権を設定する場合においては、第九条及び第十六条の規定にかかわらず、契約の更新（更新の請求及び土地の使用の継続によるものを含む。）及び建物の築造による存続期間の延長がなく、並びに第十三条の規定による買取りの請求をしないこととする旨を定めることができる。この場合においては、その特約は、公正証書による等書面によってしなければならない。

第二十三条（建物譲渡特約付借地権）　借地権を設定する場合においては、第九条の規定にかかわらず、借地権を消滅させるため、その設定後三十年以上を経過した日に借地権の目的である土地の上の建物を借地権設定者に相当の対価で譲渡する旨を定めることができる。

2 前項の特約により借地権が消滅した場合において、その借地権者又は建物の賃借人でその消滅後建物の使用を継続しているものが請求をしたときは、請求の時にその建物につきその建物の賃借人と借地権設定者との間で期間の定めのない賃貸借（借地権者が請求をした場合においては、借地権の残存期間があるときは、その残存期間を存続期間とする賃貸借）がされたものとみなす。この場合において、建物の借賃は、当事者の請求により、裁判所が

[資料5]

定める。

3 第一項の特約がある場合において、借地権者又は建物の賃借人と借地権設定者との間でその建物について第三十八条第一項の規定による賃貸借契約をしたときは、前項の規定にかかわらず、その定めに従う。

第二十四条（事業用借地権）　第三条から第八条まで、第十三条及び第十八条の規定は、専ら事業の用に供する建物（居住の用に供するものを除く。）の所有を目的とし、かつ、存続期間を十年以上二十年以下として借地権を設定する場合には、適用しない。

2　前項に規定する借地権の設定を目的とする契約は、公正証書によってしなければならない。

第二十五条（一時使用目的の借地権）　第三条から第八条まで、第十三条、第十七条、第十八条及び第二十二条から前条までの規定は、臨時設備の設置その他一時使用のために借地権を設定したことが明らかな場合には、適用しない。

第三章　借　家

第一節　建物賃貸借契約の更新等

第二十六条（建物賃貸借契約の更新等）　建物の賃貸借について期間の定めがある場合において、当事者が期間の満了の一年前から六月前までの間に相手方に対して更新をしない旨の通知又は条件を変更しなければ更新をしない旨の通知をしなかったときは、従前の契約と同一の条件で契約を更新したものとみなす。ただし、その期間は、定めがないものとする。

2　前項の通知をした場合であっても、建物の賃貸借の期間が満了した後建物の賃借人が使用を継続する場合において、建物の賃貸人が遅滞なく異議を述べなかったときも、同項と同様とする。

3　建物の転貸借がされている場合においては、建物の転借人がする建物の使用の継続を建物の賃借人がする建物の使用の継続とみなして、建物の賃貸人と賃借人との間について前項の規定を適用する。

第二十七条（解約による建物賃貸借の終了）　建物の賃貸借の解約の申入れをした場合においては、建物の賃貸借は、解約の申入れの日から六月を経過することによって終了する。

2　前条第二項及び第三項の規定は、建物の賃貸借が解約の申入れによって終了した場合に準用する。

(22)

第二十八条（建物賃貸借契約の更新拒絶等の要件）　建物の賃貸人による第二十六条第一項の通知又は建物の賃貸借の解約の申入れは、建物の賃貸人及び賃借人（転借人を含む。以下この条において同じ。）が建物の使用を必要とする事情のほか、建物の賃貸借に関する従前の経過、建物の利用状況及び建物の現況並びに建物の賃貸人が建物の賃借人に対して財産上の給付をする旨の申出をした場合におけるその申出を考慮して、正当の事由があると認められる場合でなければ、することができない。

第二十九条（建物賃貸借の期間）　期間を一年未満とする建物の賃貸借は、期間の定めがない建物の賃貸借とみなす。

2　民法第六百四条の規定は、建物の賃貸借については、適用しない。

　　　第二節　建物賃貸借の効力

第三十条（強行規定）　この節の規定に反する特約で建物の賃借人に不利なものは、無効とする。

第三十一条（建物賃貸借の対抗力等）　建物の賃貸借は、その登記がなくても、建物の引渡しがあったときは、その後その建物について物権を取得した者に対し、その効力を生ずる。

2　民法第五百六十六条第一項及び第三項の規定は、前項の規定により効力を有する賃貸借の目的である建物が売買の目的物である場合に準用する。

3　民法第五百三十三条の規定は、前項の場合に準用する。

第三十二条（借賃増減請求権）　建物の借賃が、土地若しくは建物に対する租税その他の負担の増減により、土地若しくは建物の価格の上昇若しくは低下その他の経済事情の変動により、又は近傍同種の建物の借賃に比較して不相当となったときは、契約の条件にかかわらず、当事者は、将来に向かって建物の借賃の額の増減を請求することができる。ただし、一定の期間建物の借賃を増額しない旨の特約がある場合には、その定めに従う。

2　建物の借賃の増額について当事者間に協議が調わないときは、その請求を受けた者は、増額を正当とする裁判が確定するまでは、相当と認める額の建物の借賃を支払うことをもって足りる。ただし、その

裁判が確定した場合において、既に支払った額に不足額があるときは、その不足額に年一割の割合による支払期後の利息を付してこれを支払わなければならない。

3 建物の借賃の減額について当事者間に協議が調わないときは、その請求を受けた者は、減額を正当とする裁判が確定するまでは、相当と認める額の建物の借賃の支払を請求することができる。ただし、その裁判が確定した場合において、既に支払を受けた額が正当とされた建物の借賃の額を超えるときは、その超過額に年一割の割合による受領の時からの利息を付してこれを返還しなければならない。

第三十三条（造作買取請求権） 建物の賃貸人の同意を得て建物に付加した畳、建具その他の造作がある場合には、建物の賃借人は、建物の賃貸借が期間の満了又は解約の申入れによって終了するときは、建物の賃貸人に対し、その造作を時価で買い取るべきことを請求することができる。建物の賃貸人から買い受けた造作についても、同様とする。

2 前項の規定は、建物の賃貸借が期間の満了又は解約の申入れによって終了する場合における建物の転借人と賃貸人との間について準用する。

第三十四条（建物賃貸借終了の場合における転借人の保護） 建物の転貸借がされている場合において、建物の賃貸借が期間の満了又は解約の申入れによって終了するときは、建物の賃貸人は、建物の転借人にその旨の通知をしなければ、その終了を建物の転借人に対抗することができない。

2 建物の賃貸借は、前項の通知がされた日から六月を経過することによって終了する。

第三十五条（借地上の建物の賃借人の保護） 借地権の目的である土地の上の建物につき賃貸借がされている場合において、借地権の存続期間の満了によって建物の賃借人が土地を明け渡すべきときは、建物の賃借人が借地権の存続期間が満了することをその一年前までに知らなかった場合に限り、裁判所は、建物の賃借人の請求により、建物の賃借人がこれを知った日から一年を超えない範囲内において、土地の明渡しにつき相当の期限を許与することができる。

2 前項の規定により裁判所が期限の許与をしたときは、建物の賃貸借は、その期限が到来することに

(24)

第三十六条（居住用建物の賃貸借の承継）居住の用に供する建物の賃借人が相続人なしに死亡した場合において、その当時婚姻又は縁組の届出をしていないが、建物の賃借人と事実上夫婦又は養親子と同様の関係にあった同居者があるときは、その同居者は、建物の賃借人の権利義務を承継する。ただし、相続人なしに死亡したことを知った後一月以内に建物の賃貸人に反対の意思を表示したときは、この限りでない。

2 前項本文の場合においては、建物の賃貸借関係に基づき生じた債権又は債務は、同項の規定により建物の賃借人の権利義務を承継した者に帰属する。

第三十七条（強行規定）第三十一条、第三十四条及び第三十五条の規定に反する特約で建物の賃借人又は転借人に不利なものは、無効とする。

第三節　定期建物賃貸借等

第三十八条（定期建物賃貸借）期間の定めがある建物の賃貸借をする場合においては、公正証書による等書面によって契約をするときに限り、第三十条の規定にかかわらず、契約の更新がないこととする旨を定めることができる。この場合には、第二十九条第一項の規定を適用しない。

2 前項の規定による建物の賃貸借をしようとするときは、建物の賃貸人は、あらかじめ、建物の賃借人に対し、同項の規定による建物の賃貸借は契約の更新がなく、期間の満了により当該建物の賃貸借が終了することについて、その旨を記載した書面を交付して説明しなければならない。

3 建物の賃貸人が前項の規定による説明をしなかったときは、契約の更新がないこととする旨の定めは、無効とする。

4 第一項の規定による建物の賃貸借において、期間が一年以上である場合には、建物の賃貸人は、期間の満了の一年前から六月前までの間（以下この項において「通知期間」という。）に建物の賃借人に対し期間の満了により建物の賃貸借が終了する旨の通知をしなければ、その終了を建物の賃借人に対抗することができない。ただし、建物の賃貸人が通知期間の経過後建物の賃借人に対しその旨の通知をした場合においては、その通知の日から六月を経過した

[資料5]

後は、この限りでない。

5　第一項の規定による居住の用に供する建物の賃貸借（床面積（建物の一部分を賃貸借の目的とする場合にあっては、当該一部分の床面積）が二百平方メートル未満の建物に係るものに限る。）において、転勤、療養、親族の介護その他のやむを得ない事情により、建物の賃借人が建物を自己の生活の本拠として使用することが困難となったときは、建物の賃借人は、建物の賃貸借の解約の申入れをすることができる。この場合においては、建物の賃貸借は、解約の申入れの日から一月を経過することによって終了する。

6　前二項の規定に反する特約で建物の賃借人に不利なものは、無効とする。

7　第三十二条の規定は、第一項の規定による建物の賃貸借において、借賃の改定に係る特約がある場合には、適用しない。

（参考）旧第三十八条（賃貸人の不在期間の建物賃借）　転勤、療養、親族の介護その他のやむを得ない事情により、建物を一定の期間自己の生活の本拠として使用することが困難であり、かつ、その期間

の経過後はその本拠として使用することとなることが明らかな場合において、建物の賃貸借をするときは、その一定の期間を確定して建物の賃貸借の期間とする場合に限り、第三十条の規定にかかわらず、契約の更新がないこととする旨を定めることができる。この場合には、第二十九条の規定を適用しない。

2　前項の特約は、同項のやむを得ない事情を記載した書面によってしなければならない。

第三十九条（取壊し予定の建物の賃貸借）　法令又は契約により一定の期間を経過した後に建物を取り壊すべきことが明らかな場合において、建物の賃貸借をするときは、第三十条の規定にかかわらず、建物を取り壊すこととなる時に賃貸借が終了する旨を定めることができる。

2　前項の特約は、同項の建物を取り壊すべき事由を記載した書面によってしなければならない。

第四十条（一時使用目的の建物の賃貸借）　この章の規定は、一時使用のために建物の賃貸借をしたことが明らかな場合には、適用しない。

第四章　借地条件の変更等の裁判手続

第四十一条（管轄裁判所）第十七条第一項、第二項若しくは第五項（第十八条第三項において準用する場合を含む）、第十八条第一項、第十九条第一項（同条第七項並びに第二十条第二項及び第三項（同条第七項において準用する場合を含む）において準用する場合を含む。）若しくは第三項（同条第七項において準用する場合を含む）又は第二十条第一項（同条第七項において準用する場合を含む）に規定する事件は、借地権の目的である土地の所在地を管轄する地方裁判所が管轄する。ただし、当事者の合意があるときは、その所在地を管轄する簡易裁判所が管轄することを妨げない。

第四十二条（非訟事件手続法の準用及び最高裁判所規則）特別の定めがある場合を除き、前条の事件に関しては、非訟事件手続法（明治三十一年法律第十四号）第一編の規定を準用する。ただし、同法第六条、第七条、第十五条及び第三十二条の規定は、この限りでない。

2　この法律に定めるもののほか、前条の事件に関し必要な事項は、最高裁判所規則で定める。

第四十三条（裁判所職員の除斥等）裁判所職員の除斥及び忌避に関する民事訴訟法（平成八年法律第百九号）の規定は、第四十一条の事件について準用する。

第四十四条（鑑定委員会）鑑定委員会は、三人以上の委員で組織する。

2　鑑定委員は、次に掲げる者の中から、事件ごとに、裁判所が指定する。ただし、特に必要があるときは、それ以外の者の中から指定することを妨げない。
一　地方裁判所が特別の知識経験を有する者その他適当な者の中から毎年あらかじめ選任した者
二　当事者が合意によって選定した者

3　鑑定委員には、最高裁判所規則で定める旅費、日当及び宿泊料を支給する。

第四十五条（審問期日）裁判所は、審問期日を開き、当事者の陳述を聴かなければならない。

2　当事者は、他の当事者の審問に立ち会うことができる。

第四十六条（事実の探知及び証拠調べ）裁判所は、職権で事実の探知をし、かつ、職権で又は申出により必要と認める証拠調べをしなければならない。

2　証拠調べについては、民事訴訟の例による。

第四十七条（審理の終結）裁判所は、審理を終結す

[資料5]

るときは、審問期日においてその旨を宣言しなければならない。

第四十八条（即時抗告）　第十七条第一項から第三項まで若しくは第十八条（第十八条第一項及び第三項において準用する場合を含む。）、第十九条第一項（同条第七項において準用する場合を含む。）若しくは第三項（同条第七項において準用する場合を含む。）又は第二十条第一項（同条第五項において準用する場合を含む。）の規定による裁判に対しては、即時抗告をすることができる。

2　前項の裁判は、確定しなければその効力を生じない。

第四十九条（裁判の効力が及ぶ者の範囲）　前条第一項の裁判は、当事者又は最終の審問期日の後裁判の確定前の承継人に対し、その効力を有する。

第五十条（給付を命ずる裁判の効力）　第十七条第三項若しくは第五項（第十八条第三項において準用する場合を含む。）、第十八条第一項、第十九条第三項（同条第七項並びに第二十条第二項及び第五項にお

いて準用する場合を含む。）又は第二十条第一項（同条第五項において準用する場合を含む。）の規定による裁判で給付を命ずるものは、強制執行に関しては、裁判上の和解と同一の効力を有する。

第五十一条（譲渡又は転貸の許可の裁判の失効）　第十九条第一項（同条第七項において準用する場合を含む。）の規定による裁判は、その効力を生じた後六月以内に借地権者が建物の譲渡をしないときは、その効力を失う。ただし、この期間は、その裁判において伸長し、又は短縮することができる。

第五十二条（和解及び調停）　民事訴訟法第八十九条、第二百六十四条、第二百六十五条及び第二百六十七条（和解に関する部分に限る。）並びに民事調停法第二十条の規定は、第四十一条の事件について準用する。

第五十三条（事件の記録の閲覧等）　当事者及び利害関係を疎明した第三者は、裁判所書記官に対し、第四十一条の事件の記録の閲覧若しくは謄写、その正本、謄本若しくは抄本の交付又は同条の事件に関する事項の証明書の交付を請求することができる。

2　民事訴訟法第九十一条第四項及び第五項の規定は、

(28)

第五十四条（費用の裁判の特例）　民事訴訟法第七十三条（第二項中同法第六十一条から第六十六条までの規定を準用する部分を除く。）、第七十四条及び第百二十一条の規定は、第十九条第四項（同条第七項並びに第二十条第二項及び第五項において準用する場合を含む。）の場合に準用する。

前項の記録について準用する。

附　則　（省略）

[資料6]

民法（抄）（明治二十九年法律第八十九号・明治三十一年法律第九号）
最終改正、平成一一年法律第一四九号

第七節　賃貸借

第一款　総則

第六百一条　（賃貸借の意義）　賃貸借ハ当事者ノ一方カ相手方ニ或物ノ使用及ヒ収益ヲ為サシムルコトヲ約シ相手方カ之ニ其賃金ヲ払フコトヲ約スルニ因リテ其効力ヲ生ス

第六百二条　（短期賃貸借）　処分ノ能力又ハ権限ヲ有セサル者カ賃貸借ヲ為ス場合ニ於テハ其賃貸借ハ左ノ期間ヲ超ユルコトヲ得ス

一　樹木ノ栽植又ハ伐採ヲ目的トスル山林ノ賃貸借ハ十年

二　其他ノ土地ノ賃貸借ハ五年

三　建物ノ賃貸借ハ三年

四　動産ノ賃貸借ハ六个月

第六百三条　（短期賃貸借の更新）　前条ノ期間ハ之ヲ更新スルコトヲ得但其期間満了前土地ニ付テハ一年内建物ニ付テハ三个月内動産ニ付テハ一个月内ニ其更新ヲ為スコトヲ要ス

第六百四条　（賃貸借の存続期間）　賃貸借ノ存続期間ハ二十年ヲ超ユルコトヲ得ス若シ之ヨリ長キ期間ヲ以テ賃貸借ヲ為シタルトキハ其期間ハ之ヲ二十年ニ短縮ス

2　前項ノ期間ハ之ヲ更新スルコトヲ得但更新ノ時ヨリ二十年ヲ超ユルコトヲ得ス

第二款　賃貸借ノ効力

第六百五条　（不動産賃貸借の対抗要件）　不動産ノ賃貸借ハ之ヲ登記シタルトキハ爾後其不動産ニ付キ物権ヲ取得シタル者ニ対シテモ其効力ヲ生ス

第六百六条　（賃貸人の修繕義務）　賃貸人ハ賃貸物ノ使用及ヒ収益ニ必要ナル修繕ヲ為ス義務ヲ負フ

2　賃貸人カ賃貸物ノ保存ニ必要ナル行為ヲ為サントスルトキハ賃借人ハ之ヲ拒ムコトヲ得ス

民法（抄）

第六百七条（賃借人の意志に反する保存行為） 賃貸人カ賃借人ノ意思ニ反シテ保存行為ヲ為サントスル場合ニ於テ之カ為メ賃借人カ賃借ヲ為シタル目的ヲ達スルコト能ハサルトキハ契約ノ解除ヲ為スコトヲ得

第六百八条（賃借人の費用償還請求権） 賃借人カ賃貸人ノ負担ニ属スル必要費ヲ出タシタルトキハ賃貸人ニ対シテ直チニ其償還ヲ請求スルコトヲ得

2 賃借人カ有益費ヲ出タシタルトキハ賃貸人ハ賃貸借終了ノ時ニ於テ第百九十六条第二項ノ規定ニ従ヒ其償還ヲ為スコトヲ要ス但裁判所ハ賃貸人ノ請求ニ因リ之ニ相当ノ期限ヲ許与スルコトヲ得

第六百九条（減収と借賃減額請求権） 収益ヲ目的トスル土地ノ賃借人カ不可抗力ニ因リ借賃ヨリ少キ収益ヲ得タルトキハ其収益ノ額ニ至ルマテ借賃ノ減額ヲ請求スルコトヲ得但宅地ノ賃貸借ニ付テハ此限ニ在ラス

第六百十条（減収と契約解除権） 前条ノ場合ニ於テ賃借人カ不可抗力ニ因リ引続キ二年以上借賃ヨリ少キ収益ヲ得タルトキハ契約ノ解除ヲ為スコトヲ得

第六百十一条（賃借物の一部滅失と借賃減額請求権） 賃借物ノ一部カ賃借人ノ過失ニ因ラスシテ滅失シタルトキハ賃借人ハ其滅失シタル部分ノ割合ニ応シテ借賃ノ減額ヲ請求スルコトヲ得

2 前項ノ場合ニ於テ残存スル部分ノミニテハ賃借人カ賃借ヲ為シタル目的ヲ達スルコト能ハサルトキハ契約ノ解除ヲ為スコトヲ得

第六百十二条（賃借権の譲渡および転貸の制限） 賃借人ハ賃貸人ノ承諾アルニ非サレハ其権利ヲ譲渡シ又ハ賃借物ヲ転貸スルコトヲ得ス

2 賃借人カ前項ノ規定ニ反シテ第三者ヲシテ賃借物ノ使用又ハ収益ヲ為サシメタルトキハ賃貸人ハ契約ノ解除ヲ為スコトヲ得

第六百十三条（転貸の効果） 賃借人カ適法ニ賃借物ヲ転貸シタルトキハ転借人ハ賃貸人ニ対シテ直接ニ義務ヲ負フ此場合ニ於テハ借賃ノ前払ヲ以テ賃貸人ニ対抗スルコトヲ得ス

2 前項ノ規定ハ賃貸人カ賃借人ニ対シテ其権利ヲ行使スルコトヲ妨ケス

第六百十四条（借賃の支払時期） 借賃ハ動産、建物及ヒ宅地ニ付テハ毎月末ニ其他ノ土地ニ付テハ毎年

[資料6]

末ニ之ヲ払フコトヲ要ス但収穫季節アルモノニ付テハ其季節後遅滞ナク之ヲ払フコトヲ要ス

第六百十五条 （賃借人の通知義務）　貸借物カ修繕ヲ要シ又ハ賃借物ニ付キ権利ヲ主張スル者アルトキハ賃借人ハ遅滞ナク之ヲ賃貸人ニ通知スルコトヲ要ス但賃貸人カ既ニ之ヲ知レルトキハ此限ニ在ラス

第六百十六条 （使用賃借の規定の準用）　第五百九十四条第一項、第五百九十七条第一項及ヒ第五百九十八条ノ規定ハ賃貸借ニ之ヲ準用ス

第三款　賃貸借ノ終了

第六百十七条 （解約の申入れ）　当事者カ賃貸借ノ期間ヲ定メサリシトキハ各当事者ハ何時ニテモ解約ノ申入ヲ為スコトヲ得此場合ニ於テハ賃貸借ハ解約申入ノ後左ノ期間ヲ経過シタルニ因リテ終了ス

一　土地ニ付テハ一年
二　建物ニ付テハ三个月
三　貸席及ヒ動産ニ付テハ一日

2　収穫季節アル土地ノ賃貸借ニ付テハ其季節後次ノ耕作ニ著手スル前ニ解約ノ申入ヲ為スコトヲ要ス

第六百十八条 （解約権の留保）　当事者カ賃貸借ノ期間ヲ定メタルモ其一方又ハ各自カ其期間内ニ解約ヲ為ス権利ヲ留保シタルトキハ前条ノ規定ヲ準用ス

第六百十九条 （黙示の更新）　賃貸借ノ期間満了ノ後賃借人カ賃借物ノ使用又ハ収益ヲ継続スル場合ニ於テ賃貸人カ之ヲ知リテ異議ヲ述ヘサルトキハ前賃貸借ト同一ノ条件ヲ以テ更ニ賃貸借ヲ為シタルモノト推定ス但各当事者ハ第六百十七条ノ規定ニ依リテ解約ノ申入ヲ為スコトヲ得

2　前賃貸借ニ付キ当事者カ担保ヲ供シタルトキハ其担保ハ期間ノ満了ニ因リテ消滅ス但敷金ハ此限ニ在ラス

第六百二十条 （解除の非遡及効）　賃貸借ヲ解除シタル場合ニ於テハ其解除ハ将来ニ向テノミ効力ヲ生ス但当事者ノ一方ニ過失アリタルトキハ之ニ対スル損害賠償ノ請求ヲ妨ケス

第六百二十一条 （賃借人破産による解約の申入れ）　賃借人カ破産ノ宣告ヲ受ケタルトキハ賃貸借ニ期間ノ定アルトキト雖モ賃貸人又ハ破産管財人ハ第六百十七条ノ規定ニ依リテ解約ノ申入ヲ為スコトヲ得此場合ニ於テハ各当事者ハ相手方ニ対シ解約ニ因リテ生シタル損害ノ賠償ヲ請求スルコトヲ得ス

民 法（抄）

第六百二十二条（使用貸借の規定の準用） 第六百ノ規定ハ賃貸借ニ之ヲ準用ス

■編者紹介

福井秀夫（ふくい　ひでお）　法政大学社会学部教授
久米良昭（くめ　よしあき）　那須大学都市経済学部教授
阿部泰隆（あべ　やすたか）　神戸大学法学部教授

―― SHINZANSYA ――
hensyu@shinzansya.co.jp
order@shinzansya.co.jp
http://www.shinzansya.co.jp

実務注釈　定期借家法　　　　　　　　　　　注釈現行法2

2000年（平成12年）2月20日　第1版第1刷発行

編　者　　福　井　秀　夫
　　　　　久　米　良　昭
　　　　　阿　部　泰　隆

発行者　　今　井　　　貴

発行所　　信山社出版株式会社
〒113-0033　東京都文京区本郷6-2-9-102
電　話　03（3818）1019
ＦＡＸ　03（3818）0344

上製カバーPP配箱　　発売所　　信山社販売株式会社
Printed in Japan

©著者，2000．製作・㈱信山社　印刷・製本／松澤印刷・大三製本
ISBN 4-7972-1903-3　C3332

1903-0133 200 050-030
NOC 分類 324.211

信 山 社　2000年 新刊案内

ISBN4-7972-1903-03 C3332　　2000年3月1日施行　　　　　　　　新刊案内2000.2
NDC324.211借地借家法　　衆議院法制局　建設省住宅局　監修

実務注釈・定期借家法

福井秀夫・久米良昭・阿部泰隆 編
―すぐに役立つ逐条解説・税制・鑑定評価・標準契約書付―

A5判変上製カバー付 総約240頁　　　普及特別定価:本体2,500円(税別)

＊ 定期借家法の実施は、良質な賃貸住宅の供給のために、行政・地方自治体にとっても最大の関心事。景気浮揚面からも有効な活用が望まれる。立案担当者の最新の解説書である。

＊ 本書は、1999年12月9日(15日公布)に成立した良質な賃貸住宅等の供給の促進に関する特別措置法(平成11年法律153号)に関して、長年に亘り借家制度に関する実証分析や立法政策に係る研究活動を継続し、本法律の成立を学術研究の蓄積によってサポートしてきた研究者グループが執筆・編集し、本法律の立法実務にも携わった衆議院法制局、そして住宅政策を所管する建設省住宅局が監修した、最も信頼のおける解説書である。

推薦　保岡興治
(定期借家法筆頭提案者・自民党定期借家権等に関する特別調査会会長・衆議院議員)

目 次

第1章　定期借家権の必要性と概要　　　第2章　定期借家法・逐条解説
第3章　定期借家権に関するQ and A　　第4章　定期賃貸住宅標準契約書
第5章　定期借家権に係る不動産鑑定評価および税制
第6章　民間事業・行政実務における活用方策
第7章　定期借家法の立法論的検討課題

【資 料】
良質な賃貸住宅等の供給の促進に関する特別措置法
良質な賃貸住宅等の供給の促進に関する特別措置法に対する附帯決議 他
新旧対照条文／定期借家研究会

〈 執筆者紹介 〉

阿部泰隆　神戸大学法学部教授　　　島田明夫　前建設省住宅局住宅経済対策官・
上原由起夫　国士舘大学法学部教授　　　　　　国土庁防災局防災企画官
鵜野和夫　不動産鑑定士・税理士　　福井秀夫　法政大学社会学部教授
久米良昭　那須大学都市経済学部教授　吉田修平　弁護士

信山社　ご注文はFAXまたはEメールで
FAX 03-3818-0344　　Email：order@shinzansya.co.jp
〒113-0033 東京都文京区本郷6-2-9-102　TEL 03-3818-1019
信山社のホームページ　　http://www.shinzansya.co.jp

信 山 社　2000年 新刊案内

ISBN4-7972-1897-5 C3332
NDC324.211借地借家法

新刊案内2000.2

阿部　泰隆 著　　いよいよ3月1日施行

定期借家のかしこい貸し方・借り方
―すぐに役立つ分りやすい定期借家の貸し借り、その仕組みと解説―

46判変　総予274頁　　　　定価:本体2,000円(税別)

＊ 定期借家について最もやさしく解説した本。不動産・自治体・建設会社など今までの借地借家法とどこが変り、どこは変らないのか。口語で語る定期借家法。各種研修・実務に必携の本。2000年3月1日から施行される。
＊ 良質な賃貸住宅の供給のために円滑な運用が望まれる。行政・地方自治体にとっても、景気浮揚策としても有効な活用が必要である。人々の居住とのバランスの上に、ウサギ小屋呼ばわりされる日本の住宅に一筋の燭光となろう。

目　次

第1部　定期借家のかしこい貸し方・借り方　　第2部　定期借家法の提唱
　第1章　定期借家法成立の意義　　　　　　　　第1章　借家法改革は民事法的発想では無理
　第2章　定期借家法の簡単解説　　　　　　　　第2章　定期借家権の法制度設計
　第3章　家主のため、貸し方編　　　　　　　　第3章　弱者に優しい定期借家権
　第4章　借家人のため、借り方編　　　　　　　第4章　新たなオプションとしての定期借家権の擁護
　　　　　　　　　　　　　　　　　　　　　　　第5章　定期借家の税制への影響

〈 著者紹介 〉 阿部 泰隆 （あべ・やすたか）

1942年福島市生まれ／1960年福島高校卒／1964年東京大学法学部卒／現在、神戸大学法学部教授。
専攻行政法。行政の法システムの組替え、環境法、地方自治法、公務員法などに研究を広げている。近年、日本の法システムの改造を目指し「日本列島法改造論」を唱えて、定期借家法の成立、短期賃貸借保護廃止など民事法の分野のほか、法制全般の見直し・司法改革にも取り組んでいる。

―――――― 既刊・続刊 ――――――

定期借家権　　阿部泰隆・野村好弘・福井秀夫 著　4,800円
実務注釈・定期借家権法　　福井秀之・久米明・阿部泰隆 編　2,500円
定期借家のかしこい貸し方・借り方　　阿部泰隆著　定価2,000円　2月25日刊
民事訴訟法辞典　　林屋礼二・小野寺規夫編集代表　本体2,500円　3月25日発売

信山社

FAX 03-3818-0344
〒113-0033 東京都文京区本郷6-2-9-102　TEL 03-3818-1019

ご注文は書店へ　FAXまたはEメールで
Email : order@shinzansya.co.jp

ISBN4-7972-5140-9 C3332　　裁判官・弁護士・司法書士・学生・受験生向　　新刊案内 2000.3
NDC分類 327.201 民事訴訟法

編集代表

林屋 礼二・小野寺規夫
東北大学名誉教授　　山梨学院大学教授・前東京高等裁判所判事

民事訴訟法辞典
四六判　総 432 頁　　定価：本体 2,500 円（税別）

☆ 実務に精通した裁判官を中心とした執筆陣84人 ☆
最新の内容による1400項目（参照項目を含む）収録
学習に役立つ各種書式を巻末に収録

☆ 法律の概説書などを読んでいくときに、簡単に引ける国語辞典があると大変便利である。特に民事訴訟法のように専門的な用語が出てくるものでは、その必要が強く感じられる。ところが今日、そうした簡便な民事手続法辞典が見あたらない。そこで、こうした不便を埋めるために、この度「民事訴訟法辞典」を編集することになった。**市民生活に必須の民訴法学習用辞典！**（「はしがき」より）

［執 筆 者］（五十音順　＊印=編者）

青木 晋	福岡地裁判事	笠巻孝嗣	弁護士	中島 肇	東京地裁判事
青山邦夫	岐阜地裁判事	上岡哲生	東京地裁判事	中田昭孝	大阪地裁判事
浅田秀俊	東京家裁八王子支部判事補	上條 醇	山梨学院大教授	中西健市	甲府地裁民事首席書記官
池田亮一	横浜地裁判事	金井康雄	東京地裁判事	中野哲弘	横浜地裁判事
石井彦壽	盛岡地裁・家裁所長	神山隆一	福岡地裁判事	流矢大士	弁護士
＊井上五郎	元裁判所書記官研修所教官	川谷 昭	元裁判所書記官研修所教官	西村英樹	横浜地裁小田原支部判事補
伊藤敏孝	千葉地裁判事補	菊地絵理	東京家裁八王子支部判事補	野村明弘	渡橋地裁判事
衣斐瑞穂	東京地裁判事	菊池浩也	福岡地裁判事補	＊林屋礼二	東北大学名誉教授
今岡 毅	東京簡裁判事	岸 日出夫	釧路地裁北見支部長	平元義孝	東京高裁判事
上杉 満	十日町簡裁兼六日町簡裁判事	木村愛一郎	東京簡裁判事	廣田民生	東京高裁判事
内山孝一	東京地裁判事補	小池信行	法務省大臣官房審議官	細野なおみ	福岡地裁判事
江見弘武	仙台高裁判事	小林 崇	東京地裁判事	前田英子	東京地裁判事
大島 明	東京地裁判事	近藤壽邦	横浜地裁判事	前田昌宏	熊本地裁人吉支部判事
大島道代	東京家裁八王子支部判事補	近藤裕之	川内法務局高松出張所付検事	松井 修	東京地裁判事
大嶋洋志	横浜地裁小田原支部判事補	齊藤利夫	松本簡裁判事	松井芳明	甲府地裁判事補
大谷禎男	金制更生委員会事務局次長	坂本慶一	東京地裁判事	松岡千秋	名古屋地裁判事補
大野和明	新潟地裁判事	佐野 信	那覇地裁・家裁判事	松野勝臨	熊本地裁書記官
大山貞雄	元徳島地裁・家裁所長	宍戸 充	東京高裁判事	松原里美	浦和地裁川越支部判事補
大山涼一郎	大牟田簡裁判事	柴崎哲夫	福島地裁相馬支部判事補	真邊朋子	東京地裁判事
岡 健太郎	東京家裁判事	柴谷 晃	弁護士	三村憲吾	大阪地裁判事補
岡田洋祐	司法研修所教官	清水 毅	弁護士	三輪和雄	東京地裁判事
岡光民雄	横浜地裁判事	菅家忠生	法務省民事局付検事	村瀬憲士	福岡地裁・家裁判事
鬼澤友直	司法研修所教官	杉浦徳宏	東京地裁判事補	宮尾成明	東京地裁総括主任書記官
小田島靖人	鹿児島地裁・家裁判事	杉山正明	東京家裁八王子支部判事補	宮本正行	弁護士
小沼 充	東京簡裁判事	瀬川卓男	東京地裁判事	森岡孝介	大阪地裁判事
小野 剛	千葉地裁松戸支部判事	武田義徳	東京地裁判事	山口幸雄	東京簡裁判事
＊小野寺忍	山梨学院大教授	田中寿生	東京地裁判事	芳田圭一	古河簡裁判事
＊小野寺規夫	山梨学院大教授・弁護士	棚澤高志	福岡地裁判事補	＊渡邊 昭	弁護士・前東京高裁判事

2000年3月25日発売　予約受付中！
ご注文は書店にお申込み下さい。FAXまたはEメールでも受付中

FAX 03-3818-0344　Email：order@shinzansya.co.jp

信山社
〒113-0033 東京都文京区本郷 6-2-9-102　TEL 03-3818-1019
信山社のホームページ　http://www.shinzansya.co.jp